Wir hofften jedes Jahr noch ein weiteres Symposium machen zu können

Zum 30. Internationalen Wittgenstein Symposium in Kirchberg am Wechsel

Herausgegeben von
Christian Kanzian
Volker Munz
Sascha Windholz

ontos verlag

Frankfurt I Paris I Ebikon I Lancaster I New Brunswick

Impressum:
Die Österreichische Ludwig Wittgenstein Gesellschaft (ÖLWG)
The Austrian Ludwig Wittgenstein Society (ALWS)
Markt 63, A-2880 Kirchberg am Wechsel
Österreich/Austria

All Rights Reserved
© 2007 ontos verlag & the editors
P.O. Box 15 41, D-63133 Heusenstamm
www.ontosverlag.com

ISBN 978-3-938793-61-9

Bibliographic Information published by Die Deutsche Nationalbibliothek
Die Deutsche Nationalbibliothek lists this publication in the
Deutsche Nationalbibliographie; detailed bibliographic data is
available in the Internet at http://dnb.ddb.de

**Produziert mit Unterstützung der Abteilung Kultur und Wissenschaft
des Amtes der NÖ Landesregierung**

Herausgeber und für den Inhalt verantwortlich:
Christian Kanzian, Volker Munz und Sascha Windholz

Visuelle Gestaltung: Sascha Windholz

Druck: Eigner-Druck, A-3040 Neulengbach

Fotos: Wilfried Ehrenhöfer (163, beide), Elisabeth Leinfellner (107, 145 oben, 164), Johann Marek (80, 176+177, 183), Wolfgang Riegler (19, 45, 115, 49, 151), Sascha Windholz (141, 145 unten, 147 oben), sonstige ÖLWG.

Inhalt

Geleitworte
    Willibald Fuchs, Bürgermeister von Kirchberg am Wechsel   6
    Erwin Pröll, Landeshauptmann von Niederösterreich   8
    Johannes Hahn, Bundesminister für Wissenschaft
    und Forschung   10
Quo vadis ÖLWG? (Christian Kanzian)   13
Vom Experiment zum Erfolg: 30 Jahre Wittgenstein Symposien
(Elisabeth Leinfellner)   21
Kirchberg und die Philosophen (Willibald Fuchs)   43
Laudatio auf die Gründer der Gesellschaft
    Rudolf Haller (Paul Weingartner)   52
    Lore und Adolf Hübner (Günther Rieck)   62
    Elisabeth und Werner Leinfellner
    (Peter Kampits / Sascha Windholz)   70
    Paul Weingartner (Gerhard Schurz)   80
Backstage: Büro und Crew (Margret Kronaus)   87
Auflistung der Symposien   91
Begegnungen und Begebenheiten   153
Publikationen der ÖLWG   167
Zur Person   177

Als ich im April 1976 bei regnerischen Wetter die „Wittgenstein-Tage" eröffnete, konnte niemand ahnen, dass wir damit „Geschichte" schrieben. Aus einer kleinen Veranstaltung zum 25. Todestag Ludwig Wittgensteins — der im Feistritztal einst Volksschullehrer war — entwickelte sich die „Österreichische Ludwig Wittgenstein Gesellschaft" (ÖLWG) und das „Internationale Wittgenstein Symposium", welche eine der angesehensten wissenschaftlichen Institutionen Österreichs geworden ist und heuer ihr 30. Symposium abhält.
Dies freut mich umso mehr, als es mir immer ein Anliegen war die Wissenschaften nach Niederösterreich zu holen, dass unter anderm mit der Gründung der Donau-Universität-Krems schlussendlich auch gelang.
Ich darf den Organisatoren und Teilnehmern aber auch der Gemeinde Kirchberg am Wechsel und der Region noch viele schöne und erfolgreiche Symposien wünschen.
Siegfried Ludwig, Landeshauptmann a.D. von Niederösterreich
(Siehe auch „Zur Person", Seite 181)

Siegfried Ludwig und Adolf Hübner bei der Eröffnung der Wittgenstein-Tage 1976.

Die Wittgenstein-Tage vor 31 Jahren könnten mit bewusst provinziellem und vereinfachendem Blick eines Dorfbürgermeister etwa so beschrieben werden: „Unser Tierarzt, Adolf Hübner, diskutiert über die Theorien eines Ludwig Wittgenstein mit ein paar Universitätsprofessoren im Wirtshaussaal." Es hätte sich wohl keiner der Teilnehmer des ersten Wittgenstein Symposiums gedacht, dass einmal das 30. Jubiläum gefeiert werden kann. Niemand hätte je vermutet, dass sich daraus diese Erfolgsgeschichte der „Internationalen Wittgenstein Symposien" entwickelt hat und in Kirchberg am Wechsel österreichische Philosophiegeschichte geschrieben werden wird.
All dies ist eingetreten und entwickelt sich weiter.

Anfangs wurden die Teilnehmer des Symposiums von uns Einheimischen eher belächelt – sie entsprachen aber auch zu sehr dem Klischee eines zerstreuten Professors. Doch schnell erkannte man — besonders die Gastwirte —, dass es sich dabei nicht nur um schrullige Denker, sondern um durchaus gute und zahlungskräftige Gäste handelt. Neben den geistig-philosophischen Höhen sind diese Gäste auch geistig-kulinarischen Genüssen zugetan. Und beides lässt sich in Gaststuben bei einem guten Glase Wein hervorragend kombinieren (wie zahlreiche, wiederholte Beobachtungen bestätigen). Mittlerweile sind „diese Philosophen" uns lieb gewordene Gäste und das Symposium stellt einen gesellschaftlichen wie auch wirtschaftlichen Höhepunkt im Jahresablauf Kirchbergs dar.

Viele Veranstaltungen, wie auch Symposien, erleben einen Boom, überholen sich aber bald und verschwinden so schnell wie sie entstanden sind. Beim Internationalen Wittgenstein Symposium kann dieses Phänomen nicht beobachtet werden. Diese Veranstaltung hält sich nun schon über 30 Jahre auf hohem Niveau, international anerkannt, lebendig, dynamisch und offen für neue Themen. Gleiches gilt für die „Österreichische Ludwig Wittgenstein Gesellschaft" (ÖLWG) selbst. Ihr ist es hervorragend gelungen, junge, aufstrebende Wissenschaftler einzubinden und den Wechsel von der Gründergeneration auf die nächste ohne Qualitätsverlust zu schaffen.

Bei dieser Gelegenheit darf ich mich bei allen Organisatoren und Verantwortlichen bedanken für die Treue zu unserer Region, für die ruhige und harmonische Zusammenarbeit, aber auch für die anregenden und guten Diskussionen. Ihr seid eine Bereicherung für Kirchberg!
Als Bürgermeister kann man sich nur glücklich schätzen, diese Art von Veranstaltungen und Organisationen in seiner Gemeinde beheimaten zu dürfen.

Ich wünsche der ÖLWG auch in Zukunft viel Erfolg — viel Erfolg mit ihren Veranstaltungen, Schriftenreihen und was sonst noch diese klugen Köpfe ersinnen mögen.

Dr. Willibald Fuchs
Bürgermeister von Kirchberg am Wechsel

„Heimat bist du großer Söhne..." heißt es bekanntermaßen in der österreichischen Bundeshymne. Tatsächlich ist aus unserem Volk schon manch großer Sohn und so manch große Tochter hervorgegangen, auf die wir heute sehr stolz sein dürfen.

Allerdings gibt es auch eine große Anzahl von bekannten und verdienten Persönlichkeiten, die nicht direkt aus Niederösterreich stammen, hier aber doch gewirkt und Spuren hinterlassen haben. Zu diesen zählt ganz eindeutig der berühmte österreichische Philosoph Ludwig Josef Johann Wittgenstein, der in den 20er Jahren des vergangenen Jahrhunderts im niederösterreichischen Feistritztal gelebt und als Pädagoge gearbeitet hat.
Das Wirken dieses weltberühmten Mannes in dieser Region unserer Heimat ist bis zum heutigen Tag sicht- und spürbar, wovon allein schon die hier über Wittgenstein eingerichteten Ausstellungen oder auch das nach ihm benannte Schnitzel, welches in den lokalen Gaststätten erhältlich ist, zeugen.
Mit seiner Tätigkeit in Kirchberg am Wechsel, Otterthal und Trattenbach hat der spätere Cambridge-Professor auch den Boden für das

„Internationale Ludwig Wittgenstein Symposium" aufbereitet und damit den Grundstein für eine ganz besondere niederösterreichische Erfolgsgeschichte gelegt: Immerhin hat dieses 1976 erstmals abgehaltene Symposium dazu geführt, dass Kirchberg am Wechsel heute in der ganzen Welt bekannt ist und es auch führende PhilosophInnen als Ehre empfinden, hierher eingeladen zu werden. Die Steigerung der Anzahl der Vortragenden von lediglich fünf im Jahre 1976 hin zu etwa 250 in jüngeren Tagen führt diese Erfolgsgeschichte eindrucksvoll vor Augen.

In diesem Sinne haben Ludwig Wittgenstein sowie die GründerInnen der „Österreichischen Ludwig Wittgenstein Gesellschaft" (ÖLWG) der Region — aber auch dem Land Niederösterreich insgesamt — einen großen Dienst erwiesen, den letzteres sehr zu schätzen weiß und daher auch so gut wie möglich seine Unterstützung anbietet. Schließlich ist das Land Niederösterreich sich der Bedeutung von Bildung und Forschung durchaus bewusst und zeichnet sich durch große wissenschaftliche Ambitionen aus. Die kürzlich einzig in unserem Bundesland erfolgte Senkung der Klassenschülerhöchstzahl, das Bestreben und Erreichen, dass Klosterneuburg Standort einer neuen Universität wird oder auch die Entscheidung, in Wiener Neustadt das Forschungszentrum „MedAustron" zu errichten, können als Beweis für diese Ambitionen betrachtet werden.

Als Landeshauptmann kann ich versprechen, dass die auf wissenschaftlichem Gebiet sicherlich hochgesteckten Ziele unseres Landes weiter verfolgt und auch noch weitere ambitionierte Projekte folgen werden. Auch das „Wittgenstein Symposium" soll in unserem Land weiterhin eine große Rolle spielen und als eine Visitenkarte Niederösterreichs in aller Welt gelten.

In diesem Sinne gratuliere ich sehr herzlich zum diesjährigen 30. Jubiläum des „Wittgenstein Symposiums" und wünsche für dessen Abhaltung viel Erfolg und alles Gute!

Dr. Erwin Pröll
Landeshauptmann von Niederösterreich

Ludwig Wittgenstein setzte Zeit seines Lebens Akzente. Sein Denken beeinflusste den Wiener Kreis und inspirierte über seine Sprachphilosophie eine ganze Generation an angloamerikanischen Wissenschafterinnen und Wissenschaftern. Darüber hinaus verlieh er der modernen Literatur in Österreich wichtige Impulse!

Akzente werden über sein Wirken hinaus mit der Trademark „Wittgenstein" gesetzt. Wittgenstein steht in Österreich für Exzellenz und kritisches Denken, für Leistung und Anerkennung. Als Bundesminister für Wissenschaft und Forschung darf ich alljährlich exzellente Wissenschafterinnen und Wissenschafter mit dem „Wittgenstein-Preis" auszeichnen, der die höchste Form der wissenschaftlichen Würdigung in Österreich darstellt. Dieser Preis ermöglicht es, jungen Nachwuchshoffnungen in Forschungsprojekten mitwirken zu können, die von den Wittgenstein-Preisträgerinnen und Preisträgern geleitet werden. Diese Form der Nachwuchsförderung ist einmalig und stellt durchaus eine „Best Practice" in Europa dar!

Auch die Österreichische Ludwig Wittgenstein Gesellschaft setzt mit ihren Symposien Maßstäbe, die sich international sehen lassen können. Seit 30 Jahren trifft sich die Wittgenstein-Community im niederösterreichischen Kirchberg am Wechsel, um über bestimmte Schwerpunkte des Wirkens von Wittgenstein mit aktuellen Fragen in Zusammenhang zu bringen. So auch heuer, wo der Frage nachgegangen wird, inwieweit sich die neuen Formen der Informations- und Kommunikationstechnologien auf das Arbeiten von Philosophinnen und Philosophen auswirken. Wie in anderen Disziplinen setzt auch in der Philosophie das World Wide Web neue Akzente, die im Symposium mit den Arbeiten und dem Wirken von Wittgenstein in Verbindung gesetzt werden können. Betroffen sind hier nicht nur die elementaren Vermittlungsformen der Geisteswissenschaften, sondern auch neue Kontexte in der Wittgensteinforschung.

Diese „terra incognita" gilt es heuer zu erforschen und dafür wünsche ich den Teilnehmerinnen und Teilnehmern des Symposiums hohe Schaffenskraft und anregende Gespräche in Workshops und Paneldiskussionen. Dem Wittgenstein Symposium gratuliere ich zur bereits 30. Durchführung dieses international bedeutsamen Treffens.

Dr. Johannes Hahn
Bundesminister für Wissenschaft und Forschung

Greetings to the participants in this year's international Wittgenstein symposium, and congratulations to the organizers. To all of us who have participated over the years, the symposium has been a great success for three decades. From the very early symposia the meetings in Kirchberg generated a combination of enthusiasm, high intellectual standards, collegiality and pleasure in the delightful surroundings of the village of Kirchberg. The symposium has flourished because of these qualities; and, in many ways, it is even better today than it was at the beginning, because the interests and subjects considered have expanded. It has never been a narrow symposium directed to the work of one philosopher, because Wittgenstein provides a touchstone, and focus point, for a wide variety of philosophical topics and interests. Every time I have been in Kirchberg I had a wonderful time: I only wish I were there now. Congratulations and welcome to you all.
John Searle, University of California, Berkeley
(Siehe auch „Zur Person", Seite 184)

Quo vadis ÖLWG?
Überlegungen zum 30. Internationalen Wittgenstein Symposium in Kirchberg

Christian Kanzian

Die israelische und die iranische Fahne als Zeichen für gemeinsame Teilnahme von Philosophen aus diesen Ländern, 2006.

Mit vorliegender Festschrift wollen wir das 30. Internationale Ludwig Wittgenstein Symposium feiern. Es ist ein bunter Strauß von Beiträgen, von akademisch-philosophischen ebenso wie von historisch-anekdotenhaften. Es gibt Lob und Leistungsschau, aber es gibt auch kritische Stimmen zur Geschichte der Wittgenstein Gesellschaft. Die LeserInnen finden hier „Wortspenden" weltweit bekannter Philosophen und lokaler Größen, junger Studenten und etablierter Kollegen. Besonders freuen wir uns über Grußworte des Bundesministers für Wissenschaft und Forschung, Dr. Johannes Hahn, des Landeshaupt-mannes von Niederösterreich, Dr. Erwin Pröll, und des Bürgermeisters von Kirchberg, Dr. Willibald Fuchs.
Diese Buntheit haben wir nicht nur in Kauf genommen. Sie spiegelt die gesamte Bandbreite des Lebens der Kirchberger Symposien wider, und ist somit das eigentliche Ziel dieser kleinen Festschrift. „Wir", das sind die Herausgeber dieses Buches, der Geschäftsführer der ÖLWG, Volker Munz, der kreative Geist der Schrift, Sascha Windholz, und der Verfasser dieser Zeilen.

Danke den Mitherausgebern dieser Festschrift. Danke aber auch an alle, die dazu beigetragen haben, dass es diesen Anlass gibt, das 30. (!) Wittgenstein Symposium in Kirchberg. Mein Dank geht zunächst an das Land Niederösterreich. Ohne die ideelle und finanzielle Unterstützung der Kulturabteilung der NÖ Landesregierung, in der Person von HR Dr. Andreas Kusternig, gäbe es uns nicht. Danke auch an das Wissenschaftsministerium in Wien, das uns jedes Jahr kräftig unterstützt und die österreichweite Bedeutung unserer Arbeit unterstreicht. Danke an die Gemeinde Kirchberg und ihren Bürgermeister: die finanzielle, vor allem aber auch die logistische Unterstützung ist unersetzlich. Danke an die Bevölkerung in Kirchberg, unsere Geschäftspartnerinnen und Geschäftspartner und an alle Menschen, die uns freundlich begegnen.
Jemand muss natürlich auch die Arbeit tun, welche die Unterstützung unserer Freunde und Sponsoren ermöglicht. In erster Linie die wissenschaftliche, und so denke ich voll Hochachtung an die Kolleginnen und Kollegen, die die Mühen auf sich nehmen, ein Kirchberger Symposium zu organisieren. Von ihnen wird in diesem Buch noch ausführlicher die Rede sein. Danke für das Mitdenken und

das Mitlenken der ÖLWG — an die Mitarbeiter im Vorstand, in ganz Österreich, aber auch in Kirchberg. Hier ist vor allem der langjährige Kassier Herr Günther Rieck zu nennen, der Säckelwart: Garant der jährlichen Entlastung des Vorstands durch die Rechnungsprüfer. Danke an Frau Margret Kronaus und Frau Ursula Past, auf die man sich einfach verlassen kann. Danke an die vielen fleißigen Hände, die überall anpacken und ohne die letztlich gar nichts geht. Danke an alle, die uns geholfen haben und helfen, auch wenn sie hier namentlich nicht erwähnt werden können.

Nun aber zur Sache: Worum geht's uns eigentlich in vorliegender Publikation? — Zunächst darf eine Jubiläumsschrift durchaus auch einen Blick in die Vergangenheit werfen. Dazu kann vor allem auf den Artikel von Elisabeth Leinfellner verwiesen werden, dem wirklich nichts hinzuzufügen ist. Die Gegenwart ist alles das, was auf den nächsten Seiten folgt. Was aber ist es mit der Zukunft der Österreichischen Ludwig Wittgenstein Gesellschaft (ÖLWG) und ihrer Arbeit in Kirchberg? — Diesem Aspekt soll der Beitrag gewidmet sein.
Bei einer derartigen Erfolgsgeschichte wie es das Internationale Wittgenstein Symposium in Kirchberg ist, stellt sich natürlich auch die Frage nach der Zukunft der Arbeit der ÖLWG. Sollten wir uns nicht einfach auf unseren Lorbeeren ausruhen? Was kann man denn überhaupt noch gewinnen? — Ludwig Wittgenstein selbst gibt uns hier eine passende Antwort (ich übernehme sie aus Elisabeth Leinfellners Artikel): „Auf seinen Lorbeeren auszuruhen ist so gefährlich, wie auf einer Schneewanderung auszuruhen. Du nickst ein & stirbst im Schlaf."
Nun, Schneewanderungen sind etwas anderes als der moderne Wissenschaftsbetrieb. Erstere sind schöner, bei letzteren besteht niemals die Gefahr einzuschlafen. Und so gibt es tatsächlich noch viel zu tun.
Auffallend ist, dass der Weg in die Zukunft der Österreichischen Ludwig Wittgenstein Gesellschaft von zahlreichen Erwartungen und Anforderungen geprägt ist. Und diese Erwartungen und Anforderungen scheinen auf den ersten Blick oft in entgegengesetzte Richtungen zu gehen.
Unsere Arbeit soll modernen Ansprüchen genügen, wir müssen zukunftsgerichtet agieren. Dazu reicht es nicht, in jedem Hörsaal einen Beamer aufzustellen. Wir müssen die Anforderungen des modernen

Kongress-Managements berücksichtigen und dementsprechend unsere Arbeit professionalisieren. Ein zeitgemäßer Internet-Auftritt gehört hier ebenso dazu, wie die umfassende Betreuung unserer Gäste, PR-Arbeit und die weltweite Bewerbung unserer Forschungsleistungen. Wer nicht erneuert, fällt zurück. Dennoch ist klar, dass gerade die Österreichische Ludwig Wittgenstein Gesellschaft nicht auf ihre Geschichte vergessen darf. Das Flair von Kirchberg muss erhalten bleiben. Technisieren ist nicht alles. Eine schöne Schale ersetzt nicht den Kern, etwa die vielfältigen Begegnungen zwischen den Menschen, die bunten Vögel (auch wenn sie manchmal schwer zu halten sind), die kleinen Menschlichkeiten ...

Dabei müssen wir international agieren. Wir sind keine Insel. Erfolgreiche Forschung kann nur durch Einbindung in eine grenzüberschreitende „scientific community" gelingen. Das zeigt sich heute besonders in der Frage nach der internationalen Verankerung der ÖLWG. Besonders wichtig ist ihr Verhältnis zu anderen, außerösterreichischen Ludwig Wittgenstein Gesellschaften. Kooperationen „auf Augenhöhe", wo es sachlich sinnvoll ist und uns in unseren Zielen weiterbringt, sind hier angebracht. Und es ist zu hoffen, dass wir hier eine gute Position im Netzwerk internationaler Wittgenstein Gesellschaften finden. Bei aller Internationalität ist aber auch Bodenständigkeit und Verankerung in der Region gefragt. Der Kontakt zur Bevölkerung und die Einbindung unserer Aktivitäten in die „Wittgenstein Landschaft" im Feistritztal ist eine „win-win cooperation", wie man heute auf gut Neu-Deutsch zu sagen pflegt.

Schließlich betreiben wir Spitzenforschung. Dafür sind wir weltweit bekannt und anerkannt. Wenn wir davon Abstriche machen, wird die Erfolgsgeschichte der Wittgenstein Symposien bald ein Ende finden. Darüber herrscht normalerweise bei allen Einverständnis. Worin aber soll die Spitzenforschung bestehen? Klar ist, der Vereinszweck besteht in der, ich zitiere die Satzungen, „Förderung des Wissens um die Person und das Werk des Philosophen Ludwig Wittgenstein". Das heißt, unser Ziel hat Spitze in der Wittgenstein-Forschung zu sein. Dementsprechend hat auch jedes Symposium den „Wittgensteinianern" ein Podium zu bieten, unabhängig vom sonstigen thematischen

Rahmen. „Podium" meint, dass Hauptvorträge der Wittgenstein-Forschung zu widmen sind und eine entsprechende Wittgenstein-Sektion einzurichten ist, die auch offen steht für eingereichte Beiträge. Hier sollten wir uns verstärkt bemühen, Kirchberg als echtes Kompetenz-Zentrum der Wittgenstein-Forschung zu etablieren, um im Kontext der internationalen Landschaft der Wissenschaftsorganisationen noch mehr Profil zu gewinnen.

Der Vereinszweck beschränkt uns jedoch nicht auf die Wittgenstein-Forschung in einem engen Sinn. Ich fahre in meinem Zitat der Satzungen fort. Wir sind ebenso verpflichtet zur „Fortführung und Vertiefung einer wissenschaftlichen Philosophie (Analytische Philosophie und Wissenschaftstheorie), wie sie von Wittgenstein angeregt wurde". — Das wiederum bedeutet, dass wir offen sein sollen für die weiteren thematischen Entwicklungen in der Philosophie nach Wittgenstein. Unter Beibehaltung und Bewahrung freilich des hohen Reflexionsniveaus und auch der systematischen Strenge dessen, was man akademische oder „wissenschaftliche" Philosophie nennen kann. Thematisch offene Spitzen-Philosophie in der Tradition Wittgensteins — so könnte man es vielleicht pointiert sagen.

Wissenschaftliche Höchstleistung ist das eine. Dennoch wollen die Menschen im Land auch verstehen, was in Kirchberg geschieht. Wir leben in einer modernen Mediengesellschaft, und wer nicht vorkommt in Zeitung, Rundfunk und Fernsehen, wird überhört und übersehen. Auf Dauer führt das in eine gesellschaftliche Isolation, die wir uns nicht leisten können.

Wie geht das? Traditionsbewusste Modernität, Bodenständigkeit mit weltweiter Perspektive, Spitzenforschung, die ein breiteres Echo findet? Einfache Lösungen und Schnellschüsse sind hier nicht gefragt. Wohl aber Originalität, neue Ansätze, vielleicht auch Innovationen, welche die bisherige Tätigkeit der ÖLWG perfektionieren, möglicherweise auch über den bisherigen Aktionsradius der Wittgenstein Gesellschaft hinausreichen. Das Land Niederösterreich hat großartige wissenschaftliche Ambitionen. Warum sollten wir hier von vornherein Berührungsängste aufbauen? Die Region hat bedeutende landschaftliche und kulturelle Ressourcen. Können wir nicht einen Beitrag liefern, diese noch besser bekannt zu machen und zur Geltung zu bringen, ohne unser Profil als wissenschaftliche Gesellschaft preiszugeben? Im Land gibt es viele kleinere Wittgenstein-Aktivitäten. Warum sollten wir hier nicht zusammenarbeiten und so einen größeren Aktionsradius entfalten, ohne unsere Kernkompetenz, die Spitzenforschung, preiszugeben?

Als Präsident einer Wittgenstein Gesellschaft muss man eigentlich gar nicht lang suchen, wenn Originalität und neue innovative Ansätze für Denken und Tun gesucht werden. Gut bedient ist, wer hier auf den Namensgeber der Gesellschaft selbst schaut: Ludwig Wittgenstein. Er hat sich nie gefürchtet, die Trampelpfade alter Lösungen zu verlassen. Er war kreativ und hat so manches unter einen Hut gebracht. Er war immer für Überraschungen gut. Er war führender Philosoph, den viele kennen.
**Die Erfolgsgeschichte der Österreichischen Ludwig Wittgenstein Gesellschaft in Kirchberg am Wechsel wird weitergehen.
Packen wir es gemeinsam an!**

Podiumsdiskussion 2006 – unter der Moderation von Christian Kanzian (Mitte) diskutierten der Wiener Philosoph Franz Wimmer, die Rabbinerin Evelin Goodman-Thau (Israel), der irische Jesuit Patrick Riordan und der muslimische Geistliche Mohammad Shomali (Iran) über Möglichkeiten und Grenzen interkultureller Dialoge.

Die Presse: Sie sind in den späten 1950er Jahren zum ersten Mal nach Wien zurückgekehrt. Was haben Sie damals, 20 Jahre nach Ihrer Vertreibung, empfunden?

Carl Djerassi: Damals bin ich als Forscher zu einer Konferenz gekommen, das war keine Rückkehr. In den 60er Jahren war ich mit meiner Familie in den Ferien im Salzkammergut. Aber auch das war nicht emotional, das war eine touristische Reise. Das wirklich erste Mal, dass ich emotional zurückgekehrt bin, war 1988, als meine Frau zu einem Symposium in Kirchberg/Wechsel eingeladen war. Dort war ich auch als Kind, da sind Erinnerungen hochgekommen. Ich habe dann mit meiner Autobiografie begonnen, da ist mir bewusst geworden, was Österreich für mich bedeutet und was es mir angetan hat.

(*Die Presse* / Sonderbeilage „Wissenschaftstage",
23. September 2005: I)
(Siehe auch „Zur Person", Seite 180)

Vom Experiment zum Erfolg: 30 Jahre Wittgenstein Symposien

Elisabeth Leinfellner

Eröffnung der Wittgenstein-Tage 1976

Generationen und Mythen

Ich muss gestehen, dass wir am Anfang der Wittgenstein Symposien nie geglaubt haben, wir würden es bis zu einem 5. Jubiläum, geschweige denn zu einem 30. bringen. Wir hofften jedes Jahr, noch ein weiteres Symposium machen zu können.

Ungefähr dreißig Jahre dauert in den Sozialwissenschaften, einschließlich der Anthropologie und Ethnologie, eine Generation. Es ist die Zeit zwischen der Geburt der Eltern und der Geburt der Kinder. So besehen haben die Wittgenstein Symposien bereits eine Generation gedauert; und wenn ihre Gründer, die das erste Komitee der Gesellschaft bildeten, die Generation der Eltern waren, dann sind die Mitglieder des jetzigen, erneuerten Komitees bereits die zweite Generation.
Mit Generationen ist es aber so eine Sache. Gibt es keine objektiven Aufzeichnungen, wie in schriftlosen Kulturen, aber auch, weil solche Aufzeichnungen einfach fehlen oder noch nicht gefunden wurden, dann schließt sich nach den drei Generationen an das historische Zeitalter unmittelbar das mythische an — so die Anthropologie und Ethnologie.
Über die Geschichte der Wittgenstein Gesellschaft informieren „offiziell" nur drei Broschüren, die zum 10-jährigen Bestehen der *Schriftenreihe der Wittgenstein Gesellschaft* und die zum 20. und 25. Jubiläum der Symposien. Alle übrigen Informationen sind in mehr oder minder kleinen „Archiven", Briefen, e-mails, Protokollen, Zeitungsartikeln und anderen Dokumenten versteckt. Auch diese kleine Schrift zum 30. Jubiläum kann die Geschichte nur in großen Zügen zeigen.
Jedenfalls, eine bescheidene Mythenbildung hat bereits jetzt eingesetzt. Da ist die Rede von „vereinsmäßiger Tourismusförderung" und „Heimatpflege", und davon, dass die Wittgenstein Gesellschaft von „findigen Tourismusmanagern und alerten Philosophieprofessoren" gegründet worden sei. Findige Tourismusmanager waren nie an den Wittgenstein Symposien beteiligt. Im Gegenteil: Am Anfang standen viele Kirchberger dem Unternehmen sehr misstrauisch gegenüber. Drei der Gründungsmitglieder waren keine Philosophen, und mit dem Alert-Sein, sprich: Geschäftstüchtigkeit, der drei Philosophie-Professoren war es auch nicht weit her. — Von Wittgensteins Fiasko als Schullehrer habe bloß der Fremdenverkehr profitiert, schreibt ein anderer, so, als habe die

Philosophie nicht davon profitiert. — Die Wittgenstein Gesellschaft ist reich; schön wär's, aber wir wirtschaften bloß sparsam und effektiv. — Die Wittgenstein Gesellschaft verleiht die beiden österreichischen Wittgenstein-Preise; das Geld für einen einzigen der „großen" Wittgenstein-Preise würde für sehr viele Symposien reichen. — Das Komitee der Wittgenstein Gesellschaft ist eine positivistische Mafia; dass es nicht so ist, zeigen unsere Programmhefte und Veröffentlichungen. — Die Wittgenstein Gesellschaft wurde von einem amerikanischen Millionär gegründet, W. Leinfellner; die Antwort auf den „Millionär" konnte nur „Leider nein" sein. — ...
Für Außenstehende ist es oft nicht klar, wie die Gesellschaft entstanden ist, wie sie sich entwickelt hat, und wie wir praktisch unsere Ziele verwirklichen. In diesem Essay werden diese und verwandte Themen so nüchtern als möglich dargestellt.

Kleine Anfänge und ihre gar nicht kleinen Folgen

Die Österreichische Ludwig Wittgenstein Gesellschaft wurde 1974 zunächst als ein lokaler Wittgenstein Verein gegründet. Zuvor hatten sich zwei Leute am dritten Tisch im Gasthaus „Dretenpacherhof" in Trattenbach — in Trattenbach hatte Wittgenstein seine zwei ersten Jahre als (provisorischer) Volksschullehrer verbracht — getroffen; einer davon ist der Tierarzt vom nahegelegenen Kirchberg am Wechsel, Adolf Hübner, der andere der Sohn eines ehemaligen Schülers von Wittgenstein, Koderhold. Man beriet sich darüber, was man in der Gegend Interessantes tun könne, und da kam man eben auf die Idee, für die Erforschung von Wittgensteins Zeit als Volksschullehrer in den niederösterreichischen Orten Trattenbach, Puchberg und Otterthal einen Verein zu gründen.
Warnungen blieben nicht aus. 1975 schrieb ein Skeptiker an A. Hübner, er glaube nicht, dass der Name „Wittgenstein" für das Feistritz-Tal das bewirken würde, was „Hugo von Hofmannsthal" für Mönichkirchen bewirkt hatte. Weder war es Hofmannsthal, der Zeit in Mönichkirchen verbrachte, sondern Anton Wildgans; noch war die Gründung des Wittgenstein Vereins, des Vorläufers der heutigen Wittgenstein Gesellschaft, ein Fehlschlag.

Es ist jedoch richtig, dass der Name „Wittgenstein" bis um die Mitte der 1980-er Jahre in Österreich nur einigen wenigen Spezialisten bekannt war. 1986 schrieb ein Kenner der österreichischen Szene, Peter Weibel: „Wittgenstein wurde vor zehn Jahren in Wien noch total ignoriert. Erst die regelmäßig stattfindenden Wittgenstein Symposien und die deutsche Übersetzung von 'Wittgenstein's Vienna' haben die Bevölkerung erkennen lassen, dass Wittgenstein ein wichtiger Wiener ist." Heute hat sich auch bei uns eine Art Kult um Wittgensteins Person und seine Werke gebildet. Der letzte Satz des *Tractatus*, „Wovon man nicht sprechen kann, darüber muß man schweigen", ist zum geflügelten Wort geworden, das schon einmal ein Abgeordneter im österreichischen Parlament einem anderen an den Kopf geworfen hat. Auch unsere Tages- und Wochenzeitungen veröffentlichen nunmehr Artikel zu Wittgenstein, vom *Profil* bis zur populären *Kronen Zeitung*. Der Mythos „Wittgenstein" wird uns hier jedoch nicht weiter beschäftigen. Wenn man die Geschichte der Wittgenstein Gesellschaft, ihrer Symposien und anderer ihrer Aktivitäten betrachtet, dann wird es klar, dass sie in hohem Maße zur philosophischen Entwicklung beigetragen hat; andere Entwicklungen, die Förderung des österreichischen Tourismus und der österreichische Wittgenstein-Kult, waren eine Folge-Erscheinung, eine Nebenwirkung, aber kein Motiv.

Die Geschichte der Wittgenstein Gesellschaft: ein Bündel von Biographien

Es ist gesagt worden, dass die Geschichtsschreibung dem sinnlosen Geschehen Sinn verleiht, dass sie eine Handvoll von Metaphern ist, eine Ansammlung von Erzählungen, ein Bündel von miteinander verflochtenen Biographien. Die Geschichte der Wittgenstein Gesellschaft und der Symposien beginnt ganz sicher mit einem Bündel von miteinander verflochtenen Biographien.
Zuerst verflechten sich zwei Biographien. Von Zeit zu Zeit läutet in einer Wohnung in Wien das Telefon; aber niemand meldet sich. Der Anrufer ist in Kirchberg am Wechsel; aber der Angerufene lebt seit vielen Jahren in den USA. Eines Tages hat der Anrufer dennoch Glück: Jemand antwortet.

Der Anrufer, A. Hübner aus Kirchberg, und der Angerufene, W. Leinfellner von der University of Nebraska (Lincoln, Ne, USA) treffen sich in einem Wiener Kaffeehaus. A. Hübner hatte schon seit Jahren versucht, sich mit W. Leinfellner in Verbindung zu setzen, aber, wie gesagt, lange Zeit vergeblich. Kirchberg am Wechsel nun liegt in der Nähe der Orte, in denen Ludwig Wittgenstein zwischen 1920 und 1926 Volksschullehrer war. A. Hübner war von Wittgenstein und seiner Philosophie fasziniert und war zu einem Experten für Wittgensteins Biographie geworden.

1976 waren 25 Jahre seit Wittgensteins Tod vergangen. Zu diesem Jahrestag wollte A. Hübner in Kirchberg ein kleines philosophisches Symposium veranstalten. Er wandte sich an Ministerial-Beamte und an Professoren der Universität Wien, jedoch ohne Erfolg. Andererseits wusste A. Hübner, dass W. Leinfellner sich mit Wittgenstein beschäftigt und eines seiner Bücher dem Andenken des Autors des *Tractatus* gewidmet hatte. Daher A. Hübners unermüdliche Telefonate.

W. Leinfellners Kalender aus dem Jahre 1976 enthält keine Notiz zu seinem ersten „historischen" Treffen mit A. Hübner; und so werden wir wahrscheinlich nie genau wissen, wann es stattfand. Aber im Kalender findet sich ein Eintrag zu einer Fahrt nach Kirchberg und eine Liste, die die Namen „Haller", „Leinfellner" und „Weingartner" enthält. Hier verknüpfen sich weitere Biographien zur Geschichte der Wittgenstein Gesellschaft, denn Professor Rudolf Haller, Dr. Adolf Hübner, Lore Hübner, Professor Elisabeth Leinfellner, Professor Werner Leinfellner und Professor Paul Weingartner bildeten das erste Komitee der Wittgenstein Gesellschaft und gleichzeitig, bis 1987, auch den Kern des Komitees der Symposien. Insbesondere für die Herausgabe der *Akten / Proceedings*, aber auch für das Programm wurden weitere Personen ad-hoc kooptiert. R. Hallers philosophisches Arbeitsgebiet ist die Analytische Philosophie, A. Hübners die Biographie Wittgensteins, E. Leinfellner ist Sprachwissenschaftlerin mit Interesse an der Sprachphilosophie, W. Leinfellner und P. Weingartner sind Wissenschaftstheoretiker, und ohne L. Hübners organisatorisches Geschick wäre das ganze Unternehmen vielleicht nicht zustande gekommen. Im Lauf der Zeit wurden neue Mitglieder in das Komitee der Gesellschaft gewählt, und Mitglieder schieden aus verschiedenen Gründen aus.

Das „erste" und das zweite Wittgenstein Symposium

So kam es, trotz aller Schwierigkeiten, 1976 zu den Wittgenstein-Tagen (24.—26. April). Im Rückblick wurden diese Wittgenstein-Tage in „Erstes Internationales Wittgenstein Symposium" umgetauft. Es regnete, die Fahnen, die rot-weiß-roten österreichischen und die blau-gelben niederösterreichischen, trieften von Regen, eine Blaskapelle spielte vor dem Kirchberger Kloster, ein Besucher sang lauthals mit, der Stellvertreter des Landeshauptmanns von Niederösterreich, Mag. Siegfried Ludwig, hielt eine Rede, die erste Wittgenstein Dokumentation im Kloster wurde offiziell eröffnet, auf der Bühne im Speisesaal des „Hotel Post" hielten fünf Mitglieder des Komitees Vorträge über wichtige Aspekte von Wittgensteins Philosophie.

Einige der Zuhörer hatten Wittgenstein noch persönlich gekannt. Solche Personen, aber auch andere, neigen dazu, zu fragen, ob Wittgenstein alle diese Aktivitäten um seine Person und sein Werk gebilligt hätte — denn man solle nichts unternehmen, was das Genie nicht gebilligt hätte. Wittgenstein schätzte die kultische Verehrung, die ihm seine Studenten in Cambridge entgegenbrachten, nicht besonders, duldete sie aber. Er war eine „öffentliche" Person. Er war Universitätsprofessor, und er redete gern und viel zu jedem Thema, das sich gerade anbot, von der Philosophie zum Stil von Möbeln und zur Beschriftung der Pflanzen in einem botanischen Garten. Stets bestand er auf seinem geistigen Eigentum, nicht immer zu Recht und manchmal recht grob. Seinen Nachlass wollte er veröffentlicht haben, und er dachte auch an eine Biographie oder Autobiographie. Wittgenstein war in einem gewissen Sinne eitel, wogegen er oft ankämpfte. Wer so fühlt, so handelt und solche Ansichten vertritt, braucht und schafft sich ein Publikum, und das kann man sich keineswegs immer aussuchen, zumindest nicht posthum.

Natürlich besteht für Philosophen und Philosophinnen die Gefahr, dass sie ihre Aufgabe hauptsächlich in der verehrenden Auslegung der Schriften des Gurus sehen, eine Auslegung, die keine Kritik zulässt. Aber das Komitee der Wittgenstein Gesellschaft hat stets auf Wittgensteins Rat gehört: Die Philosophie ist keine — auszulegende — Lehre, sondern eine Tätigkeit.

Während der Wittgenstein-Tage (1976) wurde im Österreichischen Fernsehen ein Bericht über diese Veranstaltung gebracht. In diesem Bericht wurde im Zusammenhang mit „Wittgenstein-Tage" das Wort „international" verwendet. Wir konnten uns dieses Wort zunächst nicht erklären. Nach einer Weile dämmerte es uns: „international" bezog sich auf zwei österreichische Mitglieder des Komitees, die damals in den USA arbeiteten, W. und E. Leinfellner. Es war gewissermaßen dieses Wort „international", das uns einen Anstoß gab, ein zweites, nun wirklich internationales, Symposium zu veranstalten. Die Landesregierung von Niederösterreich und das betreffende Bundesministerium, aber auch die Nationalbank und die University of Nebraska, haben uns von Anfang an finanziell unterstützt; ohne diese Hilfe wäre es nicht zu einem 30. Symposium und der damit verknüpften Forschung gekommen.

Das Zweite Internationale Wittgenstein Symposium war ein unerwarteter Erfolg, ebenso wie die *Akten des 2. Internationalen Wittgenstein Symposiums / Proceedings of the 2nd International Wittgenstein Symposium* (1978). Das Buch hatte zwei Auflagen und ist seit langem vergriffen. Und während es beim „ersten" Symposium nur 5 Vortragende gab, waren es beim zweiten bereits ungefähr 120. Je nach Thema schwankt die Zahl der Vortragenden im allgemeinen zwischen 120 und 150. Einen Rekordbesuch hatte das 14. Symposium zum 100ten Geburtstag Wittgensteins (1989). Die Zahlen sind nicht mehr ganz genau festzustellen; aber es waren ungefähr 230 Vorträge bei an die 400 Teilnehmern.

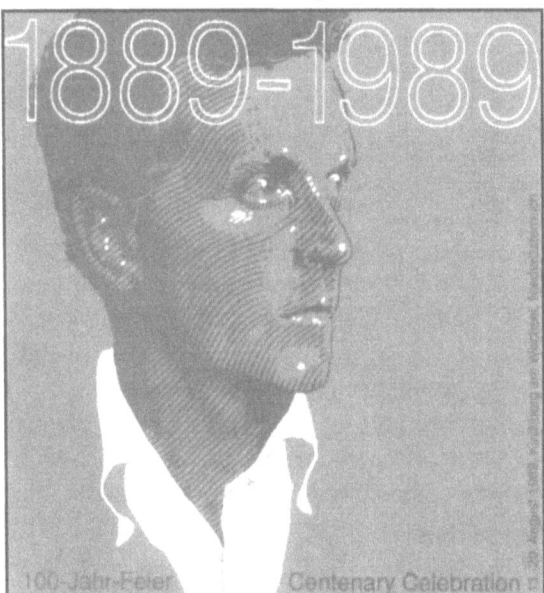

Cover des Programmheftes zum 14. Symposium; Entwurf Reinhold Zwerger.

Vom Wohnzimmer ins eigene Büro und vom „Marken-Album" zum Computer; oder: Wie organisiert man eine Konferenz?

Viele Jahre diente das Wohnzimmer der Hübners als Büro der Wittgenstein Gesellschaft. Die ersten Jahre der Wittgenstein Symposien fielen in eine Zeit, da der Computer keineswegs allgemein vorhanden war, und so verfügte auch die Gesellschaft über keinen. Das wesentliche organisatorische Hilfsmittel war ein sehr großes Stück Packpapier, das W. Leinfellner mit Hilfe von vielen Klebestreifen in eine Art gigantisches Marken-Album umgewandelt hatte. Anstelle der Marken steckten in diesem Album kleine Kärtchen mit den Namen der Vortragenden und den Titeln ihrer Vorträge. Die Kärtchen konnten leicht umgesteckt werden, sodass man zusammenhängende Seminare darstellen oder auch auf zeitliche Beschränkungen Rücksicht nehmen konnte. Das Album diente als Vorlage für das gedruckte Programm. Nach jedem Symposium wurde es sorgfältig zusammengerollt und für das nächste Symposium aufbewahrt. Im Laufe der Jahre erhielt es kultischen Status; doch wurde es immer unansehnlicher und verschwand schließlich. Seither hat der prosaische Computer die Funktion des philosophischen Marken-Albums übernommen.

Das Büro übersiedelte später in sehr schöne Räume im Kirchberger Kloster. Noch später erhielt die Gemeinde Kirchberg von der niederösterreichischen Landesregierung eine Förderung für unser neues Büro im Gemeindeamt, sowie für Räumlichkeiten für die erneuerte (zweite) Wittgenstein Dokumentation.

Bis inklusive 1987 wurden die Symposien immer auf dieselbe Weise organisiert. Die Haupt-Vortragenden wurden vom ganzen Komitee der Gesellschaft ausgewählt. Die nicht-eingeladenen Vorträge wurden an Hand ihrer Kurzfassungen (ab 1986 an Hand der für die *Berichte / Reports*, bzw. *Beiträge / Contributions* eingesandten Artikel) ausgewählt. W. und E. Leinfellner stellten das Programm in Wien zusammen. Dieses wurde dann dem restlichen Komitee zur Begutachtung vorgelegt, es wurde Kritik geübt und erörtert und Zustimmung eingeholt. 1987 wurde diese Form der Programm-Gestaltung geändert. W. und E. Leinfellner vertraten die Ansicht, dass es nicht günstig sei, wenn immer dieselben Personen das Programm zusammenstellten, und dass obendrein die Belastung durch die damit verbundene Arbeit auf die Dauer ebenfalls nicht immer von denselben Personen getragen werden könne (Brief vom 20. 8. 1987). Nunmehr ist es jedes Jahr eine andere Gruppe, das Programm-Komitee, das die Vortragenden einlädt, das Programm zusammenstellt und die sonstige wissenschaftlich-organisatorische Arbeit leistet. Mitglieder des Programm-Komitees sind oft, aber keineswegs immer, Mitglieder des Komitees der Gesellschaft. Das Komitee der Gesellschaft bestimmt als übergeordnete Instanz, ob das Programm in der vorgelegten Form angenommen wird, schlägt Änderungen vor und ähnliches.

Der Philosoph war um 5 Schilling zu haben:
Sonderpostamt zum 100. Geburtstag von Wittgenstein

Zum 100. Geburtstag von Ludwig Wittgenstein wurde am 26. April ein Sonderpostamt eingerichtet. Die Sondermarke (5 Schilling) zeigt den österreichischen Philosophen. Das Konterfei wurde von Prof. Otto Zeiller entworfen, den Stich hat Prof. Alfred Nefe erarbeitet. Von der Sondermarke wurden 3 Millionen Stück produziert.

Nicht nur Wittgenstein

Ohne Zweifel waren und sind die Wittgenstein Symposien ein außerordentlicher internationaler Erfolg. Die zwei ersten Wittgenstein Symposien waren ausschließlich Wittgenstein gewidmet. Es war uns klar, dass wir nicht Jahr für Jahr Symposien, die allein Wittgenstein zum Thema haben sollten, für eine große Zahl von Vortragenden veranstalten könnten — einige Ausnahmen gibt es. Aber im Prinzip gibt es jedes Jahr ein anderes Haupt-Thema (siehe die Auflistung der Symposien) und dazu immer eine Wittgenstein Sektion. Jedes Jahr werden so Vorträge zu den neuesten Forschungen auf dem Gebiet der Analytischen Philosophie, Wittgensteins Philosophie, der Wissenschaftstheorie und verwandter Gebiete geboten. Die wichtigsten und berühmtesten Philosophen und Philosophinnen, aber auch bedeutende Wissenschaftler und Wissenschaftlerinnen auf dem Gebiet der Natur- und Sozialwissenschaften (darunter künftige Nobel-Preisträger) wurden zu Vorträgen eingeladen. Dass auch die empirischen Wissenschaften auf unseren Konferenzen eine große Rolle spielen, ist ganz im Sinne Wittgensteins; schließlich hatte er Ingenieurwissenschaften studiert und an Experimenten mitgearbeitet, was sich auch im *Tractatus* spiegelt.
Die gemütlichen Gasthäuser und Hotels in Kirchberg und Umgebung trugen und tragen in hohem Maße zur wissenschaftlichen — und manchmal nicht so wissenschaftlichen — Diskussion und zum Ideen-Austausch bei. Für solche Szenarien kann man sich an einen Ausspruch Wittgensteins halten: „Beim Philosophieren muß man in's alte Chaos hinabsteigen, & sich dort wohlfühlen."
Verschiedene Schriftsteller haben die Symposien in ihren Romanen beschrieben, so zum Beispiel L. Moníková in *Treibeis* und G. Schmickl in *Alles, was der Fall ist* — ein David Lodge, der wissenschaftliche Konferenzen so amüsant in seinem Roman *Small World* karikiert hat, war leider nicht darunter.

Der 13. August 1988, der Tag vor dem Beginn des 13. Symposiums, war ein trauriger Tag für die Teilnehmer: Lore Hübner, die bis dahin so erfolgreich an der Organisation mitgearbeitet hatte, trotz ihrer schweren Krankheit auch an der Organisation des 13. Symposiums, starb.

Eine Krise

Im Jahr 1991 kam es zu einer ernsten Krise. Das Thema sollte „Angewandte Ethik" sein, und das Programm-Komitee und das Komitee der Wittgenstein Gesellschaft hatten sich einstimmig darauf geeinigt, als einen der Haupt-Vortragenden den Australier Peter Singer einzuladen. Singer war schon damals ein international anerkannter Philosoph. Bekannt geworden war er vor allem durch seine oft als extrem empfundene Auffassung der aktiven Euthanasie und der Tier-Rechte. Die Einladung verursachte einen öffentlichen Aufruhr. Die Behinderten-Verbände drohten mit Demonstrationen während des Symposiums, und die Gemeinde Kirchberg damit, dass sie uns die „neue" Volksschule nicht mehr als Tagungsort zur Verfügung stellen wolle. Es wurde uns sogar bedeutet, dass man uns bestimmte finanzielle Unterstützungen streichen wolle.

Die Einladung Singers wurde in den österreichischen Tages-Zeitungen und im Rundfunk heftig kritisiert, nicht ohne Häme, wofür der Titel zu einem Artikel des Wiener Philosophie-Professors Rudolf Burger im *Standard* (21.6.91) als ein Beispiel unter vielen dienen möge: „Sonnenfinsternis in Kirchberg. Zur Absage des Internationalen Wittgenstein-Symposiums". Auch der damalige Präsident der Wittgenstein Gesellschaft, A. Hübner, der der Einladung Singers zunächst zugestimmt hatte, wandte sich im Nachhinein gegen die ursprüngliche (einstimmige) Entscheidung. Von W. Leinfellner, damals Vizepräsident der Gesellschaft, erschien ein Artikel in zwei Zeitungen (*Standard*, 30.4.91; *Wiener Zeitung*, 11.5.91), der sich auf das Konzept einer demokratischen Meinungsfreiheit stützte, nach der man eben auch sehr kontroversielle Themen zur Diskussion stellen muss. Ebenso argumentierte der Grazer Philosophie-Professor Peter Strasser im *Standard* (10.5.91). Im *Standard* (21.6.91; vgl. auch 14.6.91) erschien eine Namensliste, in der sich Philosophen und andere Wissenschaftler gegen das „Verbot" einer Einladung Singers aussprachen.

Kurz: Von allen möglichen Seiten wurde äußerst starker Druck ausgeübt. Eine Sitzung aller am Programm Beteiligten brachte folgendes Ergebnis: Eine sehr kleine Fraktion von 2 Personen wollte Singer ausladen und das Symposium ohne ihn abhalten. Alle übrigen waren der Meinung, dass es die demokratischste, die ehrlichste Lösung sei,

das Symposium abzusagen. So geschah es auch, und damit schien das Problem gelöst.
Nicht ganz. W. und E. Leinfellner wussten aus ihrer Erfahrung in den USA, dass diese Absage für die Philosophen in den USA nicht ausreichen würde. Daher verfassten sie einen genauen Bericht an die American Philosophical Association, APA, der gerade noch zur rechten Zeit ankam. Die APA war nämlich schon dabei, die Wittgenstein Gesellschaft auf eine schwarze Liste zu setzen, was durch den Brief verhindert wurde. Singer selbst sprach sich für die Wittgenstein Gesellschaft aus. Ein Resultat dieser Ereignisse war, dass der langjährige (seit 1974) Präsident der Wittgenstein Gesellschaft, A. Hübner, seine Funktionen als Präsident und im Komitee der Gesellschaft niederlegte. Der langjährige Vizepräsident (seit 1977) der Gesellschaft, W. Leinfellner, übernahm die Präsidentschaft bis zur Neuwahl des gesamten Komitees im Oktober 1991, wo R. Haller Präsident wurde, gefolgt von E. Leinfellner, P. Weingartner, E. Runggaldier und Ch. Kanzian.
Schon 1990 hatte kein Wittgenstein Symposium stattgefunden, weil wir der Meinung gewesen waren, dass nach dem „großen" Symposium von 1989 ein Jahr Pause günstig sei. Nun gab es auch 1991 kein Symposium, und schon ging das Gerücht um, dass die Wittgenstein Symposien und die Gesellschaft mit ihr am Ende seien. Vielleicht hätten sich manche darüber gefreut; aber die Geschichte der Wittgenstein Gesellschaft war 1991 keineswegs zu Ende, ganz im Gegenteil.

Im April 1999 starb nach Lore Hübner ein weiteres Mitglied des Komitees der Gesellschaft, Adolf Hübner.

Eine Elite von eingeladenen Vortragenden — aber keine elitäre Veranstaltung?
Alles in allem: Die Geschichte der Wittgenstein Gesellschaft, der Wittgenstein Symposien und ihrer Publikationen ist eine Erfolgsgeschichte. Der Erfolg ist zum Teil dadurch vorprogrammiert, dass die eingeladenen Vorträge von Mitgliedern einer internationalen wissenschaftlichen Elite gehalten werden, ohne dass die Symposien selbst elitär sind.
Dies sieht widersprüchlich aus. Wie ist es möglich, eine Konferenz mit

einer bestimmten, fest umrissenen philosophischen Ausrichtung zu sein, und doch keine elitäre Veranstaltung eines Klubs von Eingeweihten? Zunächst: Alle Vorträge und sonstigen Veranstaltungen können von allen Interessierten besucht werden. Bei den nicht eingeladenen, beigetragenen Vorträgen wird einfach nach der Qualität des eingereichten Vortrags entschieden, und ob er, bei großzügiger Auslegung unserer philosophischen Ziele, zum Thema passt. Daher sprechen auf den Wittgenstein Symposien auch viele Studenten und Studentinnen, von denen gar nicht so wenige nachher Professoren und Professorinnen geworden sind. So wird einerseits das Ziel der Gesellschaft erfüllt, eine bestimmte Philosophie zu vertreten. Andererseits: Wie auf einer Agora diskutiert hier jeder mit jedem, unabhängig vom institutionellen Rang, der (künftige) Nobelpreis-Träger mit einer Studentin, der Lehrer an einem Gymnasium mit der Inhaberin eines Lehrstuhls, …

Zusätzlich bemühen wir uns, dass neben den Vorträgen auch etwas zur Erholung geboten wird: Konzerte, Ausstellungen, eine Weinkost, Lesungen und Buch-Präsentationen; Wittgenstein-Theaterstücke wurden dort uraufgeführt, und jedes Jahr gibt es eine Führung durch die Wittgenstein-Dokumentation *Wittgenstein und Trattenbach* im denkmalgeschützten „Schachnerstüberl" in Trattenbach, mit anschließendem Umtrunk im Garten.

Prinzipiell hat die Gesellschaft also die Haltung, dass sie nicht eine geschlossene Gesellschaft sein will, eine Wittgenstein-Kirche oder -Sekte, sondern eine Agora, ein Forum, ein Marktplatz, oder, um Poppers Worte zu paraphrasieren, eine „offene Gesellschaft" für alle, die an dieser bestimmten Philosophie interessiert sind. Eine von Wittgensteins Metaphern — eigentlich für den Vergleich zwischen Aphorismen und einem linearen Text gedacht — passt auch hier sehr gut: „Rosinen mögen das Beste an einem Kuchen sein; aber ein Sack Rosinen ist nicht besser als ein Kuchen; & wer im Stande ist uns einen Sack voll Rosinen zu geben kann damit noch keinen Kuchen backen […]". Wir sind keine Rosinen-Picker.

Ziele und ihre Verwirklichung

Eine derartige Organisation kann sich nicht in einem Vakuum entwickeln. Die Mitglieder des Komitees der Gesellschaft und des Programm-Komitees verbringen viele Tage, Wochen und Monate mit der Planung der Symposien und verwandter Aktivitäten, und sie tun dies auf freiwilliger Basis und ohne Gewinn, außer dem Gefühl, dass dies das Richtige für eine bestimmte Philosophie im Rahmen des kulturellen Lebens in Österreich ist.

Im Prinzip sind unsere Ziele von Anbegin bis heute dieselben geblieben: (1) die Diskussion von Wittgensteins Philosophie, von derjenigen Philosophie, der Analytischen Philosophie, die von ihm (mit)begründet wurde, und, allgemein, von derjenigen Philosophie, die aus dem Wiener Kreis hervorgegangen ist, der heutigen Wissenschaftstheorie. (2) Wir haben immer die neuesten philosophischen Entwicklungen berücksichtigt, und wir werden das immer tun, vorausgesetzt, sie stimmen mit den methodologischen Grundlagen überein, wie sie von Wittgenstein und der Analytischen Philosophie, dem Wiener Kreis, der Wissenschaftstheorie entwickelt wurden. Anders ausgedrückt: Wir wollen heutige Probleme im Rahmen einer Philosophie diskutieren, die methodologisch explizit ist, deren Resultate mit größtmöglicher Klarheit dargestellt werden, und die empirische Probleme nicht als nebensächlich oder sogar unphilosophisch ansieht.

Was (1) betrifft, so hat sich ein „historischer" Aspekt geändert. Am Anfang sahen wir es als eine wichtige Aufgabe an, Vertreter und Vertreterinnen unserer Richtung, die von den Nazis aus Österreich vertrieben worden waren, wieder in Person nach Österreich zu bringen, und mit ihnen eine Philosophie und Wissenschaft, die von den Nazis geächtet worden war. Diese bildeten die erste Kohorte. Zwischen dem 2. Symposium von 1977 und dem 30. von 2007 sind so viele Jahre vergangen, dass es die zweite und sogar schon die dritte Kohorte von Forschern und Forscherinnen ist, denen dieses Erbe übergeben wird. Wie es auch immer sein mag, das Komitee der Gesellschaft geht davon aus, dass die Wittgenstein Symposien niemals ausschließlich zu einem Forum der Wittgenstein-Interpretation werden sollen — und dies stimmt, zumindest zum Teil, mit Wittgensteins eigenen Vorstellungen überein, wie er sie 1947 ausgedrückt hat: „Kann *ich* nur keine Schule gründen, oder kann es ein Philosoph nie? Ich kann keine Schule gründen, weil ich eigentlich nicht nachgeahmt werden will. Jedenfalls nicht von denen, die Artikel in philosophischen Zeitschriften veröffentlichen." Wieweit unser Vorgehen mit diesem Ausspruch Wittgensteins übereinstimmt, will ich nicht diskutieren. Jedenfalls ist es keine schlechte Idee, sich an eine Bemerkung des Philosophen Kurt Tranøy zu erinnern, dass er Wittgensteins Texte oft leichter verstehe als deren Interpretationen. Manchmal verschwindet Wittgensteins klare und einfache Sprache hinter einer Masse von einander widersprechenden Interpretationen, und seine Philosophie wird zu einem bloßen Wetterleuchten am Horizont.

„[...] *die zweite und sogar schon die dritte Kohorte*" (Generation) – Dr. Willibald Fuchs (Bürgermeister der Marktgemeinde Kirchberg am Wechsel), Univ. Prof. Dr. Christian Kanzian (Präsident der ÖLWG), Univ. Prof. Dr. Edmund Runggaldier (Präsident der ÖLWG 2000–2006) und der langjähriger Förderer der ÖLWG, Dir. Johannes Pepelnik (Raiffeisenbank NÖ-Süd Alpin).

Fragen an die Wittgenstein Gesellschaft und die Antworten

Neben all den philosophischen Aufgaben, die sich die Wittgenstein Gesellschaft gestellt hat, gibt es noch andere. Wir sehen es als unsere Pflicht an, Fragen zu beantworten und, ganz allgemein, diejenigen zu unterstützen, die sich für Wittgenstein und verwandte Themen interessieren. Hier einige, nicht wörtlich wiedergegebene, Beispiele von — manchmal skurrilen — Fragen und Antworten. Sie zeigen, wie groß heute auch schon das öffentliche Interesse an Wittgenstein ist.

F: Gibt es einen Bauplan für das Blockhaus, das sich Wittgenstein in Norwegen bauen ließ? Wir möchten ein großes Modell des Hauses bauen.
A: Wahrscheinlich nicht; es ist nie etwas dergleichen aufgetaucht.

F: Ein Journalist möchte eine Sendung über Wittgenstein für das österreichische Fernsehen machen. Da das Fernsehen Handlungen, bewegte Bilder u.ä. benötigt: Gibt es irgend etwas, das Wittgenstein mit den heutigen praktischen Problemen verbindet?
A: Schwer zu sagen. (Man könnte hier an einen Umweg, den Einfluss des englischen Soziologen Anthony Giddens auf den Premierminister Tony Blair denken; Giddens beruft sich auf Wittgenstein.)

F: Gibt es Tonband-Aufnahmen von Wittgenstein? (Eine öfters gestellte Frage)
A: Nein.

F: Wie lautet die genaue Adresse von Wittgenstein in der Unteren Viaduktgasse im 3. Wiener Bezirk? Der Frager möchte wissen, ob er im selben Haus wohnt.
A: Nein, denn Wittgensteins Adresse war die Untere Viaduktgasse 9.

F: Hat die Wittgenstein Gesellschaft etwas zu dem (verrückten) Buch von Kimberley Cornish, *The Jew from Linz. Hitler and Wittgenstein* gesagt?
A: Nein.

F: Gibt es Film-Aufnahmen von Wittgenstein?
A: Nein.

F: Der Eigentümer einer Konditorei möchte von uns die Erlaubnis erhalten, den Namen „Wittgenstein" für ein neues Konfekt, das er herstellen will, zu verwenden.
A: Wir sind für eine solche Erlaubnis nicht zuständig.

F: Hat Wittgenstein in einer seiner Schriften die architektonisch interessante psychiatrische Klinik „Am Steinhof" diskutiert?
A: Soweit wir wissen, nein. (Die Frage ist wahrscheinlich von Thomas Bernhards Wittgenstein-Stück *Ritter, Dene, Voss* verursacht.)

F: Warum kümmert sich die Wittgenstein Gesellschaft nicht um das Haus, das Engelmann und Wittgenstein für Wittgensteins Schwester Margarethe Stonborough gebaut haben?
A: Das Haus gehört der bulgarischen Regierung.

F: Was wissen wir über den katholischen Priester Neururer, vielleicht der einzige relativ nahe Freund, den Wittgenstein in Trattenbach hatte?
A: Nicht viel; die meisten der interessanten Dokumente befinden sich in einem (zumindest damals) unzugänglichen Archiv.

F: Für eine Übersetzung aus dem Französischen brauchen wir die genaue Form eines Wittgenstein-Zitats auf Deutsch.
A: Wir werden unser Bestes tun, um das Zitat zu finden.

F: Zu welcher Zeit besuchte Wittgenstein seine Lieblingstante Clara Wittgenstein im (kaunitzschen) Schloss Laxenburg, das der Familie gehörte?
A: Nur ein Datum konnte halbwegs genau bestimmt werden, Jänner 1921; aber in seiner Jugend besuchte Wittgenstein oft seine Tante Clara in ihrem Schloss.

F: Jemand hat ein altes Lehrbuch der Logik gekauft, das handgeschriebene Notizen in Kurrent-Schrift enthält. Könnten diese Notizen von Wittgenstein geschrieben sein?
A: Nein.

Werner Leinfellner, Bgm. Willibald Fuchs und Gattin Brigitte, Friedrich Stadler, Elisabeth Leinfellner, Michael Stöltzner, Edmund Runggaldier und Christian Kanzian (von links) eröffneten das 28. Wittgenstein-Symposium in Kirchberg.
FOTOS: KARIN EGERER

28. WITTGENSTEIN-SYMPOSIUM / Für eine Woche war Kirchberg wieder das Zentrum der Wittgenstein Gesellschaft mit Philosophen aus aller Welt

„Zeit und Geschichte"

VON KARIN EGERER

KIRCHBERG / Wir haben davon zu wenig, zu viel, sie vergeht zu schnell oder zu langsam oder sie steht einfach still: „Zeit" ist allgegenwärtig - im Alltag, in der Philosophie und in den Wissenschaften.

Unter diesem Motto und angesichts des heurigen Einsteinjahres, sowie aktueller, experimenteller naturwissenschaftlichen Forschungen, gab es zahlreiche Vorträge und Diskussionen rund um das Thema Zeit. Dieses Symposium trug der Tatsache Rechnung, dass in allen Forschungsbereichen mehr oder weniger stark von der Philosophie ausgehend, das Zeitproblem präsent ist und soll damit einen kritischen Überblick über die jeweiligen Forschungen ermöglichen. Insgesamt widmeten sich rund 150 Vortragende aus dem In- und Ausland diesem attraktiven und der Meinung vieler zufolge, ungelösten Problem der Zeit.

Buch über den Lehrer präsentiert

Gleich am ersten Tag des Symposiums wurde auch ein Buch über Wittgenstein präsentiert. „Ein Volksschullehrer in Niederösterreich" berichtet in einfacher Sprache über das Leben und Wirken Wittgensteins und ist somit ein Stück Zeitgeschichte für die heimische Bevölkerung. Elisabeth Leinfellner, Vizepräsidentin der Gesellschaft hat gemeinsam mit Sascha Windholz dieses Buch gestaltet. „Es ist sozusagen eine Dokumentensammlung über Wittgenstein, mit vielen alten Fotos und es zeigt, warum dieses Symposium jedes Jahr gerade im Feistritztal in Kirchberg stattfinden soll", meint die Autorin. „Wenn die Bevölkerung dieses Buch liest, wird sie besser verstehen, warum jedes Jahr so viele Philosophen aus aller Welt hierher kommen." Die Texte zeichnet eine klare Schrift mit Zitaten des Philosophen und seiner Freunde aus. Die Geschichten sind also Momentaufnahmen, die ein Bild des Menschen Wittgenstein zeichnen.

KULTUR

Kritik

Wenn wir alles bis jetzt Gesagte zusammennehmen: So sehen wir uns, und so werden wir uns auch weiter sehen. Manchmal erscheint ein anderes Bild. Unter dem Titel „Großer heiliger Trattenbacher" klagte uns ein Journalist an, wir würden aus Wittgenstein ein Kult-Objekt machen. In einer Schrift, *Der Niedergang der Vernunft* (1997), zeichnete derselbe Autor ein verzerrtes und keineswegs positives Bild der Wittgenstein Gesellschaft. Ein anderer Journalist schrieb, die Wittgenstein Gesellschaft sei eine erfolgreiche Symbiose von Geist und Geld — schön wär's; der Geist ist kein Problem, aber das Geld ... Wieder jemand anderer schrieb, dass Kirchberg seit langem einer der geheiligten Orte der österreichischen Identität sei — bis jetzt ist uns das nicht aufgefallen, vor allem vielleicht deshalb nicht, weil die allermeisten Vortragenden aus dem Ausland kommen.

Wir nehmen derartige Anwürfe und Bemerkungen selbstverständlich zur Kenntnis, halten es aber nicht immer für notwendig oder glücklich, sie explizit zu beantworten. So hatte ein Mitglied des Komitees zunächst daran gedacht, den Autor von *Der Niedergang der Vernunft* zu klagen, kam aber sehr schnell davon wieder ab. Berechtigte Kritik ist natürlich eine andere Sache; sie betrifft oft organisatorische Fragen oder Kritik an der Auswahl der Vortragenden.

Die Präsidenten (und eine Präsidentin) der ÖLWG

1974—1991: Dr. Adolf Hübner (Kirchberg am Wechsel)
1991: Prof. Dr. Werner Leinfellner (University of Nebraska; stellvertretend)
1991—1994: Prof. Dr. Rudolf Haller (Universität Graz)
1994—1997: Prof. Dr. Elisabeth Leinfellner (Universität Wien)
1997—2000: Prof. Dr. Paul Weingartner (Universität Salzburg)
2000—2006: Prof. Dr. Edmund Runggaldier (Universität Innsbruck)
Seit 2006: Prof. Dr. Christian Kanzian (Universität Innsbruck)

Zu guter Letzt ...

Ich habe mit einer persönlichen Bemerkung begonnen, und möchte auch, fast zum Schluss, noch eine hinzufügen. Vor ein paar Jahren war ich als Gastprofessorin an der University of Michigan in Ann Arbor. In Ann Arbor gibt es mehrere sehr große Buchhandlungen. In einer dieser Buchhandlungen befindet sich eine ganze Abteilung für Philosophie, und innerhalb dieser Abteilung eine in sich geschlossene Abteilung für Wittgenstein und die Analytische Philosophie. Da standen sie nun, die Werke Wittgensteins; und dazu gab es mehrere Fächer für Sekundär-Literatur zu Wittgenstein und für Bücher über Analytische Philosophie, zusammen ungefähr 180 Bände. Als ich die Namen der Autoren und Autorinnen las, erkannte ich die meisten von ihnen wieder: Sie alle waren einmal in Kirchberg auf einem unserer Symposien gewesen und hatten einen Vortrag gehalten. Manche waren schon damals berühmt; andere standen am Beginn ihrer Karriere. Und da dachte ich mir, dass wir doch etwas richtig gemacht haben müssen.

Dies ist also die Geschichte der Wittgenstein Gesellschaft bis zu ihrem 30. Symposium. Man könnte hier eine schier endlose Liste von Personen aufstellen, deren verflochtene Biographien diese Geschichte ausmachen, eine Liste, die die Namen der Vortragenden, der Teilnehmer und Teilnehmerinnen, der Mitglieder des Komitees der Gesellschaft und der wechselnden Programm-Komitees, von Regierungsbeamten und Politikern, von Bürgermeistern und Gestaltern und Gestalterinnen von Ausstellungen, Musikern und Musikerinnen, Gastwirten und –wirtinnen, Vertretern der Medien und Verlagsleuten, Bildenden Künstlern und Künstlerinnen, Vortragenden von literarischen Werken, und nicht zuletzt die Namen der Mitglieder der „Crew" enthält, neben vielen anderen, die hier noch genannt werden könnten.

Wollen wir der Versuchung widerstehen, mit einem Wittgenstein-Zitat zu schließen? Natürlich nicht — und hier ist eines, das sowohl auf die Philosophie im Gefolge Wittgensteins, ja auf alle wissenschaftlichen Tätigkeiten, passt, als auch auf die Aktivitäten der ÖLWG selbst: „Auf seinen Lorbeeren auszuruhen ist so gefährlich, wie auf einer Schneewanderung ausruhen. Du nickst ein & stirbst im Schlaf."

Ludwig Wittgenstein mit seinen Schülern um 1923.

Der Vorstand der ÖLWG in der Funktionsperiode 2006—2009

Prof. Dr. Johannes Brandl, Salzburg
Prof. Dr. Peter Kampits, Wien (Vize-Präsident)
Prof. Dr. Christian Kanzian, Innsbruck (Präsident)
Prof. Dr. Josef Mitterer, Klagenfurt
Dipl.-Vw. Dr. Volker Munz, Graz (Geschäftsführer)
Prof. Dr. Elisabeth Nemeth, Wien
Dir. Dr. Alois Pichler, Bergen, Norwegen
Prof. Dr. Klaus Puhl, Graz
Günther Rieck MBA, MAS, Kirchberg (Kassier)
Prof. Dr. Edmund Runggaldier, Innsbruck (Vize-Präsident)
Prof. Dr. Friedrich Stadler, Wien
Prof. Dr. Paul Weingartner, Salzburg

~~Sommerfrische~~ *Ottertal,* Post Kirchber[g]

My School

„San sie ana von die Filosof´n?"
Frage eines älteren Kirchberg-Touristen an einen
der Herausgeber in der Pfarrkirche Kirchberg.

Kirchberg und die Philosophen — ein Weltkongress in einem Dorf

Willibald Fuchs

Diese Postkarte schrieb Wittgenstein an William Eccles am 12. September 1925. Er hat darauf die Schule in Otterthal markiert, aber das Wort „Sommerfrische" durchgestrichen.

Kirchberg am Wechsel — A Remote Place

Das Feistritztal, mit einer Länge von etwa 25 km, liegt am südlichen Ende Niederösterreichs. Der 1743 m hohe Wechsel bildet die (natürliche) Grenze zur Steiermark und gab auch dem Ort seinen (Bei-) Namen. In Ländern wie den USA oder AUS wäre ein Ort, rund 80 km entfernt von der Großstadt (Wien), als Vorort zur City zu bezeichnen. In österreichischen Größenordnungen liegt Kirchberg aber eher entlegen und abgelegen. Wie abgelegen dieser Ort liegt, kann jeder bestätigen, der mit den öffentlichen Verkehrsmitteln anreist.

Die in sich abgeschlossene Lage der Talschaft hat die Bewohner der Region geprägt. Viele gesellschaftliche, aber auch wirtschaftliche Veränderungen kommen später oder nur abgeschwächt ins Feistritztal. So blieben viele Strukturen und Traditionen lange erhalten und sind zum Teil bis heute intakt. In unseren ländlichen Orten kennt jeder jeden, besteht Nachbarschaftshilfe, existiert ein reges Vereinsleben und es gibt noch eine enge Bindung zur Kirche.

War nicht auch die Abgeschiedenheit ein Kriterium, warum sich Wittgenstein entschloss, in Trattenbach Volksschullehrer zu werden?

Selektion stellt eine wesentliche Triebfeder der Evolution dar. Die Entfernung zur Großstadt hat keine „early adaptors" angezogen, welche wettbewerbsstark bevorzugt prosperierende Lagen suchen, sondern eher konservativere Menschentypen, die aufgrund ihrer Ausdauer und Cleverness sich unter schwierigen Bedingungen durchsetzen. Wie tüchtig und vorausschauend unsere Vorfahren waren, zeigt sich an unserer Wasserleitung, die, bereits 1913 errichtet, noch heute den ganzen Markt mit Trinkwasser versorgt. Die, für eine kleine Landgemeinde, relativ gute Infrastruktur (Geschäfte, Ärzte, Schulen, Gastgewerbe und mehr) war sicherlich auch ein Faktor für die so positive Entwicklung der Symposien.

Nicht nur abgelegen, sondern auch eingebettet in den Bergen der Wiener Alpen (wie die Tourismusdestination heute heißt) liegt das Feistritztal. Die frische Bergluft bringt den hitzegeplagten Großstädtern im Sommer Abkühlung. Oft aber auch zu kühl, wie so mancher Gastgartenbesucher nach Sonnenuntergang fröstelnd feststellt. Dafür aber gelsenfrei! (Gelse = Stechmücke)

Und in diese Landschaft ist das Wittgenstein Symposium eingebettet. Die Bezeichnung der Gegend als Wittgensteinlandschaft verbalisiert die Verbundenheit der „Wittgensteiner" (wie die Kongressteilnehmer oft in der Region genannt werden) mit diesem Teil Niederösterreichs.

Wittgenstein — A Brand Driver

Der ökonomische Wert einer Marke wird neben Inhalten, die sie vermittelt oder mit ihr verbunden werden, vor allem am Bekanntheitsgrad gemessen. Zweifellos machen Wittgenstein und das Symposium Kirchberg international bekannt. Der Wert dieser Werbung ist, wie bei PR-Aktivitäten generell, extrem schwer zu beurteilen. Aber Wittgenstein und Kirchberg sind zwei Wortmarken, die immer öfter miteinander assoziiert werden.

Eine aufwändige Analyse im Zuge des Markenentwicklungsprozesses für unsere Tourismusregion beschreibt unsere Landschaft als „ursprünglich — berührend — kraftvoll", die Menschen sind „bodenständig & traditionell, familiär, sportlich aktiv, naturverbunden urig und gemütlich gesellig". Das ergab ein Markenversprechen: „Eintauchen in die Welt der Ursprünglichkeit". Als Brand Driver wurde „Begegnung" definiert.

Wittgenstein ist ein wichtiger Werbebotschafter für die Region. Wie gut dies mit den Markenwerten des Tourismusgebietes übereinstimmt, möge jeder selbst beurteilen. Ebenso die Frage, ob auch die gewünschte Zielgruppe erreicht wird. Letztere Frage impliziert allerdings das Vorhandensein einer Marketingstrategie.

www: Wittgenstein — Wirtschaft — Wahlen

Vor über hundert Jahren entwickelte sich in der Region die so genannte Sommerfrische. Großstädter und deren Familien suchten Erholung und Ruhe am Land. Diese Entwicklung hatte bereits vor 50 Jahren ihren Höhepunkt überschritten. In Anbetracht sinkender Nächtigungszahlen durch kürzere Aufenthalte war man ständig auf der Suche nach neuen Gästen. Hier kam der örtlichen Fremdenverkehrswirtschaft der durch das Symposium entstehende Tagungstourismus gerade recht. Aber auch dem amtierenden Bürgermeister kam das Symposium gerade recht. Genau ein Jahr vor dem ersten Symposium gab es einen gesellschaftlichen Erdrutsch in der Gemeinde. Leopold Hecher, ein Lehrer, wurde Bürgermeister. Erstmalig bekleidete dieses Amt in der Marktgemeinde Kirchberg kein angesehener Unternehmer oder Bauer, sondern ein Angestellter — eine Spezies, die bis dahin kaum im Gemeinderat vertreten war. Mit dem Symposium konnte nun der junge Bürgermeister Kompetenz und Erfolg zeigen. Passt doch kulturelles Engagement gut zum Image eines Lehrers und zusätzlich bringt diese Veranstaltung wirtschaftliche Impulse in einen stagnierenden Markt. Wirtschaft — genau die Kernkompetenz seiner politischen Gegner. Passt doch perfekt!

Trotz aller anfänglichen Skepsis gegenüber den Ideen des philosophierenden Tierarztes fand die Österreichische Ludwig Wittgenstein Gesellschaft (ÖLWG) zögerlich, aber zunehmend Unterstützung. Welch großen Stellenwert die ÖLWG in Kirchberg hat, zeigt sich daran, dass beim Neubau des Gemeindeamtes (1992—1994) ein Straßenlokal für die Gesellschaft und eine Dauerausstellung über dem Sitzungssaal eingeplant wurde. Ein besonderer Dank an dieser Stelle an Bgm. OSR Leopold Hecher für sein uneigennütziges Engagement und sein umsichtiges Handeln. Eine 25jährige Amtszeit ist zweifellos eine klare Bestätigung für seine gute Arbeit.

A cash flow

Die wirtschaftliche Bedeutung des Symposiums sei anhand weniger Eckpunkte ohne großartiger Analyse dargestellt.
Jährlich kommen zwischen 200 und 400 Besucher zu dieser Veranstaltung und bleiben zwischen 1 und 8 Tagen. Diese Gäste benötigen neben Nächtigung auch Verpflegung, Transport, suchen Unterhaltung, besuchen Kulturveranstaltungen und so weiter. Veranschlagt man ein Tagesbudget eines Gastes mit 40,— bis 80,— Euro, kann sich jeder selbst ausrechnen, wie viel Geld in die Region gebracht wird. Die ÖLWG lukriert Fördermittel und bringt diese in die Region: ganzjährig über das Büro, besonders aber durch die Ausrichtung der Veranstaltung selbst. Innovativ und kreativ entwickelt sich die ÖLWG weiter, sodass heuer bereits das dreißigste Symposium stattfindet. Jede Weiterentwicklung und Ausweitung der Aktivitäten der ÖLWG ist durchaus im Interesse der Region. An dieser Stelle sei aber ehrlich gesagt, das Interesse besteht weniger in der Liebe zur Philosophie als in der wirtschaftlichen Belebung.

What's First: Hen or Egg?

Die Liste an prominenten Teilnehmern der Kongresse ist lang. Es ist nahezu unglaublich, welch große, international anerkannte Persönlichkeiten wegen des Symposiums bereits nach Kirchberg kamen. Die Organisatoren bemühen sich, auch das Interesse der regionalen Bevölkerung zu wecken und einzelne Vorträge, wie zum Beispiel die Podiumsdiskussion 2006 (*Intercultural Dialogue*), auch für nicht einschlägig gebildete Besucher interessant zu gestalten. Leider stoßen diese Bemühungen auf wenig Gegenliebe. Die Resonanz in Form von Besucherzahlen oder Medienberichten ist in Anbetracht der Qualität des Gebotenen viel zu gering. Auch das Echo der höheren politischen Ebene ist so gut wie nicht vorhanden.

Kommt das Fernsehen, kommen auch die Spitzen des öffentlichen Lebens — oder kommen diese Persönlichkeiten, weil das Fernsehen kommt? Braucht es ein politisches Zugpferd, um breites Interesse zu wecken, oder muss man erst Massen (= viele Wählerstimmen) mobilisieren, um politische Spitzenfunktionäre anziehen zu können? Öffentlichkeitsarbeit aber ist unumgänglich, um auch künftig öffentliche Unterstützungen zu erhalten. Das Einbinden und Gewinnen von (politischen) Entscheidungsträgern ist dafür in Anbetracht immer engerer Budgets von strategischer Bedeutung. Hier will und kann die Region ein treuer und guter Partner der ÖLWG sein.

„Wittgensteiner" — Very Special Human Species

Anfangs wurden die Teilnehmer des Kongresses von den Einheimischen als weltfremde Träumer belächelt. Auch die Inhalte, worüber diese Leute eine ganze Woche lang zu diskutieren vermochten, sind für den philosophisch ungebildeten Normalbürger unverständlich. Ausdrücke wie „Kritischer Realismus", „ontologische Systeme" oder „Hermeneutik in der Ästhetik" bilden nicht den üblichen Sprachschatz der lokalen Bevölkerung.

Die Kongressteilnehmer diskutierten am Abend in den Gaststuben weiter, und so manche Erkenntnisse gewannen sie nach einigen Gläsern Wein. Und genau hier finden wir Parallelen zu den Einheimischen. Auch wir geben unsere größten Weisheiten an den Stammtischen nach einigen Gläsern wieder...

Heute sind die „Wittgensteiner" sehr geschätzte und uns lieb gewordene Gäste. In der Wittgensteinwoche herrscht reges Leben im Ort. Da viele per Taxi oder Bus anreisen und kein Auto dabei haben, gehen sie in Kirchberg zu Fuß. Damit sind sie besonders präsent und sichtbar. Als besonderes Attribut sei erwähnt, dass diese Gäste keinen zusätzlichen Verkehr erzeugen. Leute sieht man auf den Straßen, Lachen und Lärm dringt aus Gaststuben und Schanigärten.

Das animiert selbst die Einheimischen zum Fortgehen, in den Gasthäusern tut sich was und der Wirt ist in guter Laune.

Mittlerweile haben die „Wittgensteiner" bewiesen, dass sie ganz und gar nicht weltfremd und damit untüchtig sind. Ganz im Gegenteil: sie organisieren perfekt ihre Kongresse, zeigen außergewöhnliches Geschick im „Fund Raising" und betreiben gleichzeitig Spitzenforschung. In zahlreichen guten Gesprächen und so mancher angeregten Diskussion durfte ich ihre menschliche Größe und den außergewöhnlichen Geist dieser Persönlichkeiten erfahren. Ihre, leider eher kurze, Anwesenheit in Kirchberg bedeutet für uns eine große Bereicherung und ein echtes Highlight.

Congratulations on the 30th anniversary symposium! I recall my visit to the 1999 conference on „Metaphysics in a Post-Metaphysical Age" very fondly. By now the conference is a major philosophical institution. I hope to make it back one of these days.
Cheers,
David Chalmers, Australian National University, Canberra
(Siehe auch „Zur Person", Seite 179)

Laudatio auf die Gründer der Gesellschaft

1981: Elisabeth Leinfellner wird vom damaligen Landeshauptmann-Stellvertreter Erwin Pröll geehrt.

Rudolf Haller

Rudolf Haller 1976

Laudatio von Paul Weingartner
(Universität Salzburg, Vorstandsmitglied der ÖLWG, Präsident von 1997—2000)

Ich habe hier die freudige Aufgabe, einiges zu Ehren Rudolf Hallers, über sein Leben und sein Forschen, zu sagen. Ich möchte aber damit meinen Freund Rudolf nicht langweilen. Deshalb werde ich nur einige kurze Bemerkungen zu seiner Karriere sagen, die für ihn und Eingeweihte ohnehin viel zu grob und lückenhaft sind, um dann einige Probleme zu einem Thema anzuschneiden, das ihn immer interessiert hat und das ihm — wie ich denke — einige Neuigkeiten vermittelt, die er so noch nicht kennt.

1.
Ich beginne mit einigen schönen Zahlen, die sein jetziges (2006) Alter betreffen: Er ist also jetzt ein Jahrhundert minus die neunte Primzahl alt. Das Ergebnis ist gleich einer Zwillingszahl, die das Produkt zweier Primzahlen ist. Ich könnte auch sagen, sein Alter ist ein halbes Jahrhundert plus dem Produkt aus der zweiten Primzahl mit ihrem eigenen Quadrat. Außerdem: sein Alter zum Quadrat ergibt eine vierstellige Zahl, deren letzte Ziffern gleich den letzten zwei Ziffern seines Geburtsjahrgangs sind.

2.
Rudolf Hallers wissenschaftliche Karriere beginnt mit einer Dissertation über Leo Schestow und dem Doktorat im Jahr, das aus dem Produkt der folgenden vier Primzahlen besteht: Die erste erhält man dadurch, dass man die Jahre im 20. Jahrhundert bis zu seiner Geburt plus die einzige gerade Primzahl summiert, die zweite und die dritte bestehen aus der zweiten Primzahl und die vierte ist die vierte Primzahl. Hernach folgen Post Doctoral Studies in Oxford vor allem mit Gilbert Ryle, die für Rudolf sehr bedeutsam waren. Die Habilitation, acht Jahre nach dem Doktorat, befasst sich mit einem philosophischen Grundlagenthema, das Rudolf Zeit seines Lebens nicht mehr losgelassen hat: Das Problem der Bedeutung. Das weite Problemfeld der Bedeutung macht auch gleich die Verbindung zu seinen hauptsächlichen Forschungszweigen verständlich: zu Meinong, zu Wittgenstein, zum Wiener Kreis und zur Österreichischen Philosophie

im Allgemeinen. Weitere Highlights sind: Professur in Hannover (1966—68), ordentlicher Professor für Philosophische Grundlagenforschung Graz (1967—97). Gründung der *Grazer Philosophischen Studien* (1975), die sich zu einer international angesehenen Zeitschrift entwickelt haben. Gründungsmitglied und Initiator der Österreichischen Ludwig Wittgenstein Gesellschaft und ihrer internationalen Kongresse (1976). Gründung der *Studien zur Österreichischen Philosophie* (1979, bisher mehr als 30 Bde). Gründung des Forschungs- und Dokumentationszentrums der Österreichischen Philosophie (1983). Gastprofessuren hatte Rudolf Haller in Stanford, Tucson, Rom, Sao Paulo und Peking. Die Zahl der Universitäten, an denen er Gastvorträge hielt, kommt sicher nahe an die Zahl der Jahre seines Alters heran (siehe Punkt 1. oben).

3.
Ich traf Rudolf Haller zum ersten Mal in Graz 1963 (er war damals bereits Universitätsdozent) als Professor Silva-Tarouca von mir verlangte, jede Woche von Salzburg nach Graz zu kommen, um seine Vorlesungen und Seminare zu besuchen, damit er mir eine Chance auf eine Habilitation einräumen würde. Ohne die permanente Hilfe von Rudolf Haller hätte ich wohl keine Chance gehabt, dass das Habilitationsverfahren, ein Jahr nach meiner Einreichung der Habilitationsschrift (über Grundfragen zum Wahrheitsproblem), abgeschlossen wurde (1965).
Von 1963 an nahm Rudolf an internationalen Konferenzen teil, die ich am Institut für Wissenschaftstheorie des Internationalen Forschungszentrums Salzburg organisierte und an denen auch Bernays, Bochenski, Bunge, Chisholm, De Finetti, Feigl, Feyerabend, Føllesdal, Hintikka, Juhos, Kutschera, Leinfellner, Lorenzen, G. Ludwig, Margenau, Popper, Suppes, Weisskopf und andere teilnahmen. Anderseits nahm ich an internationalen Konferenzen teil, die von Rudolf Haller in Graz und Dubrovnik organisiert wurden, wobei die in Dubrovnik sicher zu den schönsten Konferenzen meines akademischen Lebens zählen.

4.
Rudolf Hallers wissenschaftliches Werk betrifft die „Österreichische Philosophie" in drei Bereichen: Meinong, Wiener Kreis und

Wittgenstein. Darüber hinaus natürlich noch systematische Arbeiten zum großen Problemfeld der Bedeutung und der Sprache vom philosophischen und grundlagentheoretischen Blickpunkt. Ich war anfangs skeptisch, warum man so einen Terminus wie „Österreichische Philosophie" überhaupt einführen soll. Aber Rudolf hat mich überzeugt, dass es eine gewisse Art von Einheitlichkeit in der Denktradition von Bolzano, Mach und Brentano zu Meinong, zum Wiener Kreis und zu Popper und Wittgenstein gibt. Was diese Denker vereinigt, sind folgende zwei Eigenschaften:

(1) Philosophie wird von ihnen allen als ein wissenschaftlicher Versuch mit wissenschaftlicher Methode verstanden.

(2) Ontologisch verstanden, nehmen alle diese Denker eine Art mittlere Position zwischen Extremen ein, die man „kritischer Realismus" nennen könnte. Keiner der Denker ist ein extremer Idealist oder Materialist. Einige vertreten zwar einen Physikalismus, aber nicht primitiver Art. Die meisten von ihnen sind Realisten in dem Sinne, dass sie sowohl Geistiges als auch Materielles als verschieden, aber real anerkennen.

5. Meinong

Es ist ein großes Verdienst von Rudolf Haller, eine Meinong Ausgabe begonnen und herausgegeben zu haben. Zum Unterschied von anderen Philosophen, wie zum Beispiel Silva-Tarouca, die der Meinung waren, sie müssten eine neue philosophische Richtung kreieren, war Rudolf Hallers größere Bescheidenheit in Wirklichkeit und auf lange Zeit viel effektiver: Auf große Vorgänger kritisch aufzubauen, ganz im Sinne des Spruches der Bibel „Prüfe alles, das Gute behalte" oder „Prüfe alles, das Gute entwickle weiter", könnten wir für Haller ergänzen.

Es waren vor allem zwei Dinge, die uns beide an Meinong immer wieder interessierten, für Rudolf waren es darüber hinaus noch mehr von Meinongs Problemen gemäß seinem viel breiteren Wissen von Meinong:

(1) Meinongs Erweiterung des Gegenstandsbereichs der Philosophie und zugleich der Wissenschaften oder abgekürzt Meinongs Theorie der Gegenstände. Wie Cantor eine Rechtfertigung für die Erweiterung des „mathematischen Paradieses" gab, so Meinong für die Erweiterung des „philosophischen Paradieses". Rudolf Haller hatte einen scharfsinnigen Blick dafür, dass Meinongs Erweiterung des Gegenstandsbereichs nicht

nur für die Philosophie, sondern auch für die Wissenschaften interessant und bedeutsam war.
(2) Meinongs Charakterisierung von Gegenständen.
Ich möchte diesen Punkt für meine folgenden Überlegungen herausgreifen.

6. Zu Meinongs Charakterisierung von Gegenständen

Wichtige Hauptpunkte von Meinongs Charakterisierung von Gegenständen lassen sich gut im Kontrast zu Russells Auffassung darstellen. Russell hat für die genaue Charakterisierung von Objekten seine „Theory of Description" erfunden, die in den *Principia Mathematica* (Introduction III und § 14) genau beschrieben ist. Diese Theorie ist zum Teil auf Grund seiner Überlegungen zu Meinongs Gegenstandstheorie entstanden. Russell ist dabei stolz darauf, einige, nach ihm überflüssige, Komponenten in Meinongs Theorie weggelassen oder auf andere reduziert zu haben. Dabei macht Russell eine Reihe von Voraussetzungen für seine Theorie der Benennung, der Referenz und der Deskription, die im Folgenden angeführt werden.
Meinong teilt die meisten Voraussetzungen nicht. Ich werde aber im Folgenden nicht so vorgehen, dass ich nach den Voraussetzungen Russells Meinongs andere Auffassung und deren Begründung darstellen werde. Das wäre langweilig für meinen Freund Rudolf Haller, der hier Meinongs Auffassung im Detail kennt. Deshalb möchte ich die Voraussetzungen Russells von einer anderen Seite aus kritisieren. Ich werde zeigen, dass Russells eingeschränkte Auffassung von Objekt für weite Teile der modernen Physik nicht gilt, beziehungsweise nicht verwendbar ist. Und daraus wird dann erkennbar, dass Meinong viel weitsichtiger war, nicht nur in Bezug auf Philosophie, sondern auch auf die Gegenstandsbereiche der modernen Wissenschaften.

6.1. Russells Voraussetzungen

(1) Während die mittelalterliche und die Meinong'sche Auffassung des Benennens und Bezeichnens die drei Komponenten Name oder Deskription — Begriff oder Bedeutungsgehalt bzw. Inhalt — Referenzobjekt unterschied, ließ Russell den mittleren Teil weg, sodass ein Name direkt (nicht erst über den mentalen Begriff, die begriffliche Konstruktion, beziehungsweise den Begriffsinhalt) das Objekt benennt oder bezeichnet.

(2) In Russells Auffassung ist die Relation des Bezeichnens oder der Referenz die gleiche, wenn es sich um mathematische Objekte oder um physikalische Objekte handelt.

(3) Mathematische Objekte sind immer starr (rigid) in dem Sinne, dass sie entweder die Einzigkeitsbedingung erfüllen oder nicht erfüllen. Das gilt aber nach ihm für alle Referenzobjekte, und das durch die Zeit hindurch. Vor allem Voraussetzung (2) und (3) sind die Grundlage für folgende weitere wichtige Voraussetzungen:

(4) Wenn es sich um genau ein (uniqueness) Objekt handelt, dann ist dieses der Träger von wertdefiniten Eigenschaften. Diese Vollständigkeit der Wertdefinitheit hat schon Kant vertreten: Von allen möglichen Paaren von gegensätzlichen Eigenschaften eines Objekts besitzt dieses mindestens eine. In Kants Worten: „Ein jedes Ding aber, seiner Möglichkeit nach, steht noch unter dem Grundsatze der durchgängigen Bestimmung, nach welchem ihm von allen möglichen Prädikaten der Dinge, sofern sie mit ihren Gegenteilen verglichen werden, eines zukommen muss."

(5) Physikalisch folgt aus der Voraussetzung eines durch eine Deskription als einzig (unique) bezeichneten Objekts ((4) u. (3) oben), dass Eigenschaften wie Masse, Ladung und geometrische Form Galilei-invariant sind. Das heißt, dass das Objekt mit diesen Eigenschaften unverändert (starr, rigid) bleibt gegenüber der Verschiebung im Raum, gegenüber der Orientierung (Drehung, aber nicht Rotation) im Raum, gegenüber der Verschiebung in der Zeit und gegenüber einer inertialen (geraden und gleichförmigen) Bewegung (mit beliebiger Geschwindigkeit). Das so charakterisierte Objekt ist ein Objekt der Klassischen Mechanik, das folgende weitere Eigenschaften hat:

Es ist eindeutig identifizierbar durch die Orts-, Zeit- und Impulskoordinaten. Dabei wird wieder die Unzerstörbarkeit des Objekts vorausgesetzt, die nicht aus den dynamischen Gesetzen der Klassischen Mechanik folgt. Es ist identizifierbar durch die Zeit hindurch, das heist das betreffende Objekt im Zustand Z1 wird durch ein Gesetz verknüpft mit dem wiederidentifizierbaren Objekt im Zustand Z2. Alle Beobachter kommen zu den gleichen Beobachtungsresultaten über das entsprechende Objekt.

6.2.
Sind die Voraussetzungen von Russell über die Eigenschaften von Objekten auch gültig für die Objekte der modernen Physik?
Wenn wir unter den Objekten der modernen Physik die Objekte der Quantentheorie und der Relativitätstheorie verstehen, dann muss diese Frage mit Nein beantwortet werden. Hingegen kann die Frage für den eingeschränkten Objektbereich der klassischen Physik, das heißt für die Objekte der Klassischen Mechanik grob gesprochen mit Ja beantwortet werden. Nur „grob gesprochen" deshalb, weil in neuester Zeit entdeckte Phänomene wie die des dynamischen Chaos, dem dynamische Gesetze der Klassischen Mechanik zugrunde liegen, auch keine derart einfache Objektbeschreibung zulassen.

6.21. Objekte der Quantentheorie
Auch wenn es sich um die stabilsten Elementarpartikel handelt (Elektronen, Protonen und Neutronen) oder um stabile Zusammensetzungen davon, gilt das Prinzip der Vollständigkeit der Wertdefinitheit nicht. Das heißt, das Referenzobjekt ist im Allgemeinen nicht Träger von mindestens einer Eigenschaft von wertdefiniten Paaren. Zu einer bestimmten Zeit t kann das Objekt, das auf Grund von Messresultaten identifiziert wird, nur Träger einer selektierten, beziehungsweise eingeschränkten Zahl von solchen Eigenschaften sein, die gegenseitig kommensurabel sind. Anders ausgedrückt ist ein Objekt der Quantentheorie in Bezug auf die ihn zukommenden Eigenschaften notwendigerweise unvollständig.
Das ist nun genau das, was Meinong ganz generell für die Objekte (der Gegenstandsbereiche) aller Wissenschaften sagt: Diese Objekte, sie sind ja möglichst korrekte begriffliche Konstruktionen, sind — verglichen mit dem gemeinten realen Objekt — immer notwendigerweise unvollständig in ihren Eigenschaften. Nun ist es allerdings so, dass der Versuch, ein dem unvollständigen Objekt der Quantentheorie entsprechendes (dahinterliegendes, zugrunde liegendes ...) vollständiges Objekt (im Sinne des Prinzips der vollständigen Wertdefinitheit) mindestens theoretisch zu beschreiben und zu postulieren, auf große, wenn nicht unüberwindliche, Schwierigkeiten stößt. Es gibt dafür nämlich folgende weitere Gründe: Die eindeutige (uniqueness bei Russell) Beschreibung eines individuellen Objektes kann in der

Klassischen Mechanik durch die Angabe von Ort, Impuls und Zeitpunkt erfolgen. Das ist aber für ein Objekt der Quantentheorie nicht generell möglich, weil die Totalität der Eigenschaften zu einem bestimmten Zeitpunkt nicht zur Verfügung steht, das heißt zum Beispiel, dass Ort und Impuls nicht gleichzeitig scharf messbar sind.

Eine weitere Schwierigkeit ist die Nichtidentifizierbarkeit eines Objekts der Quantentheorie durch die Zeit hindurch. Wenn man daher die Objekte der Quantentheorie betrachtet, dann sieht es eher so aus, dass nicht nur sie, sondern auch die ihnen korrespondierenden realen Objekte des Mikrokosmos in einem gewissen objektiven Sinn unvollständige Gegenstände im Sinne Meinongs sind.

6.22. Objekte der Relativitätstheorie

Auch für die Eigenschaften der Objekte der Speziellen Relativitätstheorie ist für einen Beobachter die Vollständigkeit der Wertdefinitheit nicht in jedem Zeitpunkt gegeben. Theoretisch oder prinzipiell könnte aber ein solcher Beobachter immer warten, bis das Objekt in seinem Vergangenheits-Lichtkegel aufscheint, um die jetzt definit verwirklichte Eigenschaft zu konstatieren. Sobald allerdings Gravitation und Beschleunigung zugelassen sind (Allgemeine Relativitätstheorie), wird es immer in einigen Raum-Zeitregionen solche Objekte geben, die nie im Vergangenheits-Lichtkegel eines Beobachters auftreten werden. Das gilt auch für einen auf einer Geodäsie bewegten (kräftefreien) Beobachter. Es ist klar, dass die Beschreibung solcher Objekte niemals vollständig in Bezug auf wertdefinite Eigenschaften ist.

Weiters sind die essentiellen Eigenschaften wie Masse, Länge, geometrische Gestalt nicht permanent und das betreffende Objekt daher nicht starr (rigid). Die einzige Ausnahme ist die elektrische Ladung, während Masse, Länge und geometrische Gestalt sich (bei hoher inertialer Bewegung) gemäß der Lorentz-Transformation ändern. Für Objekte der Allgemeinen Relativitätstheorie gilt das in lokalen Bezugssystemen. In der Klassischen Mechanik kann ein Objekt als einziges (uniqueness) oder individuelles Objekt durch die Angabe von Ort, Impuls und Zeitpunkt gekennzeichnet werden. Für die Objekte der Speziellen Relativitätstheorie gilt das nur teilweise, das heißt eingeschränkt auf jene im Vergangenheits- und Zukunftslichtkegel des Beobachters. Für Objekte der Allgemeinen Relativitätstheorie hängt die Eindeutigkeitsfrage von der Raum-Zeit-Krümmung ab.

Weiters ist die Reidentifizierbarkeit eines Objekts durch die Zeit hindurch im Allgemeinen nicht gegeben. Denn die Objekte verändern je nach Bewegung ihre essentiellen Eigenschaften wie Masse, Länge und geometrische Gestalt.

Schließlich gibt es sowohl nach der Speziellen als auch nach der Allgemeinen Relativitätstheorie keine absolute Zeit und keine universelle Gleichzeitigkeit, sodass jeder Beobachter (beziehungsweise jedes verschiedene Laboratorium oder Bezugssystem) seine eigene Zeit und Gleichzeitigkeit hat. Deshalb ist ein Objekt nicht dasselbe für alle Beobachter.

Aufgrund dieser Ausführungen zeigt sich also in Bezug auf die Objekte der Relativitätstheorie, dass sie unvollständig bezüglich ihrer Eigenschaften sind, nicht permanent, nicht eindeutig identifizierbar durch die Zeit und von verschiedenen Beobachtern verschieden beschrieben werden. Diese Charakterisierung passt wiederum viel besser zu Meinongs unvollständigen Gegenständen als zu Russells Kennzeichnung, die auf die Objekte der Klassischen Mechanik eingeschränkt ist. Eine genauere Untersuchung von Meinongs unvollständigen Gegenständen mit dem Blickpunkt auf die Objekte in der Quanten- und Relativitätstheorie würde sich sicher lohnen.

Laudatio gehalten anlässlich des Ausscheidens von Rudolf Haller aus dem Vorstand der ÖLWG, am 29. IWS 2006 in Kirchberg am Wechsel.

Literatur

Weingartner, P. (2007), *Russell's Concepts „Name", „Existence" and „Unique Object of Reference" in the Light of Modern Physics*. In: The Journal of Bertrand Russell Studies, n.s.27 (2007) pp. 60—77.

Mittelstaedt, P. — Weingartner, P. (2005), *Laws of Nature*. Springer, Berlin-Heidelberg.

Kant, I. (1787), *Kritik der reinen Vernunft*. Hartknoch, Riga. Wissenschaftliche Buchgesellschaft, Darmstadt 1956.

Rudolf Haller 1994

Lore und Adolf Hübner

Lore und Adolf Hübner 1977

Laudatio von Günther Rieck
(Vorstandsmitglied und Kassier der ÖLWG)

Denkt man an den Anfang der Österreichischen Ludwig Wittgenstein Gesellschaft und der Wittgenstein Symposien zurück, erinnert man sich ganz selbstverständlich an Dr. Adolf und Lore Hübner.

Dr. Adolf Hübner

Hübner war angesehener Tierarzt in Kirchberg am Wechsel und wegen seiner Tätigkeit im Feistritztal sehr geschätzt. Sein Können im Beruf und seine Fähigkeit, auf die Menschen zuzugehen und zuzuhören machte ihn zu einem gern gesehenen Gast bei den Leuten im Feistritztal. Seine besondere Leidenschaft aber galt Ludwig Wittgenstein und seiner Philosophie.
In Gesprächen mit ehemaligen Schülern und Zeitgenossen, zum Teil auch während der Ausübung seines Berufs, verschaffte er sich einen Einblick und Zugang in die Welt des Volksschullehrers von Trattenbach und Otterthal. Er leistete durch seine Forschung über die Biographie Wittgensteins wichtige Aufbauarbeit. Bis heute ist die gemeinsam mit Kurt Wuchterl verfasste Rowohlt-Monographie — *Ludwig Wittgenstein. Mit Selbstzeugnissen und Bilddokumenten*, Rowohlt Taschenbuch, 1979 — ein Standard in der Literatur über Wittgenstein.
Dazu sei hier kurz aus einer 2007 erstellten Internet-Rezension zum Buch zitiert:
„[...] Insgesamt sehen wir in diesem Band — der wieder viele gute Fotos und Literaturhinweise enthält, einen zerrissenen Menschen vor uns, dessen Werk zum Sockel mancher philosophischer Bewegung werden sollte. War Wittgenstein nun so brillant? Wird er zurecht mit Nietzsche (dem Dichterphilosophen) oder Schopenhauer (dem Begründer der westlichen Philosophie der Kontemplation) verglichen? Der Autor [sic] dieses Buches bejaht es, der Leser bleibt vielleicht kritisch.
Dieses Buch als Einsteig [sic] und Übersicht über Leben und Werk sei (vielleicht gerade deswegen) sehr empfohlen."
(www.amazon.de/Ludwig-Wittgenstein-Mit-Selbstzeugnissen-Bilddokumenten/dp/3499502755)

Dr. Adolf Hübner schaffte es, die Menschen im Feistritztal für Ludwig Wittgenstein zu interessieren und zu begeistern und das lokale Engagement gemeinsam mit internationalen Experten und Wissenschaftern in der Österreichischen Ludwig Wittgenstein Gesellschaft zu fokussieren. 1974 gründete er zuerst einen kleinen lokalen Verein und verstand es mit Energie und Engagement anlässlich des 25. Todestages Wittgensteins, die ersten Wittgenstein-Tage im April 1976 in Kirchberg zu veranstalten. Er war von 1974 bis 1991 Präsident der Gesellschaft und Mitglied im wissenschaftlichen Komitee.

Mit seiner Begeisterung konnte Dr. Hübner die örtlichen Politiker und Meinungsträger überzeugen, die vorhandenen Möglichkeiten im Feistritztal bereitzustellen. Die Gemeinden des Feistritztales, das Land Niederösterreich und das Wissenschaftsministerium konnten durch die Mitglieder des wissenschaftlichen Komitees und auf Grund der Ortsverbundenheit durch Hübner für die Idee der Symposien in Kirchberg am Wechsel gewonnen werden.

Hübner begann auch, Exponate und Gegenstände rund um das Leben Wittgensteins zu sammeln und diese in einem vom Kloster Kirchberg am Wechsel zur Verfügung gestellten Raum auszustellen. 1976 wurde die erste Wittgenstein Dokumentation im Zuge der Wittgenstein-Tage feierlich eröffnet. Die Sammlung ist die Grundlage für die jetzt noch bestehende Wittgenstein Dokumentation im Trattenbacher „Schachnerstüberl" und für die Dauerausstellung im Gemeindeamt in Kirchberg am Wechsel.

Dr. Adolf Hübner beendete seine Präsidentschaft und seine Mitgliedschaft im wissenschaftlichen Komitee 1991, er erwarb sich große Verdienste um die Gesellschaft. Der langjährige Präsident starb im April 1999 im Alter von 70 Jahren.

1976 bei der Eröffnung der Wittgenstein-Dokumentation im Kloster Kirchberg: Siegfried Ludwig und Adolf Hübner (oben).
Gegenüberliegende und Seite 65: Adolf Hübner 1986.
Lore und Adolf Hübner mit Erwin Pröll und dem damaligen Leiter der Kulturabteilung des Amtes der NÖ Landesregierung, Georg Schmitz, 1981 (unten).

Lore Hübner

So wie Dr. Adolf Hübner als wissenschaftlicher Vertreter vor Ort für die ÖLWG verstanden wurde, ist seine Frau Lore Hübner immer für die gelungene Organisation der jährlichen Symposien verantwortlich gewesen. Der besonders herzliche und persönliche Charakter der wissenschaftlichen Veranstaltung wurde ganz entscheidend von Lore Hübner geprägt. Sie bewahrte immer in mitunter schwierigen und turbulenten Zeiten Ruhe und Übersicht und sorgte bestmöglich für das Wohlergehen der Gäste bei den Symposien. Es ist heute nur schwer vorstellbar — aber nachdem kein Büro vorhanden war, wurde das Wohnzimmer der Familie Hübner als Schaltzentrale der Gesellschaft genutzt.

Besonders in den Anfangsjahren der Gesellschaft brachte sie enorm viel organisatorisches und kaufmännisches Geschick in die Gesellschaft ein, sie hatte den Überblick über die Ressourcen und die vielen kleinen Details, die für den gelungenen Ablauf der Symposien doch so wichtig sind.

Mitunter war es auch Lore Hübner, die dem philosophischen Weitblick eine gewisse Bodenhaftung gab. Durch ihre Persönlichkeit und ihre große Akzeptanz bei den örtlichen Verantwortungsträgern konnte sie sehr vieles für die ÖLWG bewegen.

Lore Hübner starb am 13. August 1988, einen Tag vor Eröffnung des 13. Symposiums. Sie arbeitete bis zum Schluss mit allen Kräften an der Organisation ihres letzten Symposiums.

Oben: Lore Hübner wird von Bürgermeister Leopold Hecher geehrt (1981).
Unten: Lore Hübner mit Bgm. Hecher (3. v.r.) und Rudolf Haller (4. v.r., 1981).

Elisabeth und Werner Leinfellner

Werner und Elisabeth Leinfellner 1977

Laudatio von Peter Kampits
(Universität Wien, Vize-Präsident der ÖLWG)

Es ist mir eine große Ehre — von Freude kann man ja im Rahmen einer Verabschiedung nicht gut sprechen — heute die langjährige Präsidentin und Vizepräsidentin des Vorstandes der Ludwig Wittgenstein Gesellschaft anlässlich ihres Rücktritts im Rahmen einer kleinen Feier zu begrüßen.
Elisabeth und Werner Leinfellner waren es ja, die auf Initiative des leider verstorbenen Ehepaares Lore und Adolf Hübner zusammen mit Rudolf Haller und Paul Weingartner 1976 anlässlich des 25. Todestages von Ludwig Wittgenstein die ersten Wittgenstein-Tage veranstalteten, aus denen die späteren Symposien und die ÖLWG hervorgingen. Inzwischen stehen wir heute vor dem 29. Wittgenstein Symposium und das internationale Interesse an den Veranstaltungen hat nicht nachgelassen, sondern ist im Gegenteil im Steigen begriffen.
Es ist darum mehr als recht und billig, den Begründern der Gesellschaft, die nunmehr ihre Funktionen niederlegen, den Dank für die jahrzehntelange Arbeit auszusprechen.
Es ist aber auch recht und billig, Lore und Adolf Hübners zu gedenken, deren unermüdlicher Einsatz die Symposien ebenso erst ermöglichte, wie die wissenschaftlichen Konzepte und die Beratung durch die anderen Vorstandsmitglieder.

Elisabeth Leinfellner
Ihre Aktivitäten in der Gesellschaft wurden schon erwähnt, nachzutragen ist ihre Tätigkeit als Präsidentin 1994 bis 1997 und als Vizepräsidentin bis zum heutigen Tag. Elisabeth Leinfellner hat als Professorin am Institut für Sprachwissenschaften an der Universität Wien gelehrt, aber auch an der University of Nebraska, der University of Michigan und in Rom. Sie ist Linguistin und von ihren zahlreichen linguistischen Arbeiten seien erwähnt: *Euphemismus in der politischen Sprache* und *Semantische Netze und Textzusammenhang*. Besonders hervorgehoben werden soll aber auch das kleine Büchlein in Zusammenarbeit mit Sascha Windholz, *Ludwig Wittgenstein. Ein Volksschullehrer in Niederösterreich*, das die Tätigkeit Wittgensteins in Trattenbach, Otterthal

und Puchberg beschreibt. Elisabeth Leinfellner hat sich auch intensiv mit Fritz Mauthner beschäftigt, jenem österreichischen Sprachkritiker, der lange Zeit nur durch die Bemerkung Wittgensteins im *Tractatus* bekannt war: „'Alle Philosophie ist Sprachkritik' (aber nicht im Sinne Mauthners)." Elisabeth Leinfellner hat mehrere Bände zur Sprachkritik Fritz Mauthners herausgegeben und mit großer Sensibilität das sprachkritische Werk dieses Journalisten, Literaten, Dramatikers und Sprachkritikers dargestellt. Fritz Mauthner hat bekanntlich die Sprachskepsis zu Ende gedacht und die Befreiung von der Sprache als Ziel der Selbstbefreiung gesehen.

Sein Werk, das auch als gottlose Mystik bezeichnet wurde, preist wortreich, auf mehreren tausend Seiten, das Schweigen.

Eine Bemerkung Mauthners, die mir persönlich sehr gefällt, möchte ich nicht vorenthalten: „In der Logik ist das Wort frech geworden." Leider fügte Mauthner hinzu: „auch in der Ästhetik und in der Ethik", was mir weniger gefällt.

Elisabeth Leinfellner 1976

Im Vorwort zu einem dieser Bände zu Fritz Mauthner zitierte Elisabeth Leinfellner auch Karl Kraus: „Des Weibes Sinnlichkeit ist der Urquell, an dem sich des Mannes Geistigkeit Erneuerung holt." Ich glaube nicht, dass dies auf das Schaffen ihres Ehemannes Werner Leinfellner unbedingt zutreffen muss.

Werner Leinfellner

Das Oeuvre Werner Leinfellners ist ebenso beachtlich wie umfangreich. Werner Leinfellner hat mit seinen Arbeiten zur Erkenntnis- und Wissenschaftstheorie, zur Konfliktforschung und Spieltheorie einen wichtigen Beitrag zur philosophischen Landschaft der Gegenwart geleistet.

Er hat in Graz und Wien studiert, wo wir uns übrigens vor etlichen Jahrzehnten im Seminar von Leo Gabriel zum ersten Mal begegnet sind – er war damals mit seiner Habilitation, ich mit meiner Dissertation beschäftigt. Er lehrte dann in Wien am Institut für Höhere Studien, bevor er einem Ruf an die University of Nebraska folgte. Werner Leinfellner war als Gastprofessor an verschiedensten Universitäten tätig, ich erwähne nur Heidelberg, Wien und Taipeh. Er war von 1977 bis 1991 Vizepräsident der Wittgenstein Gesellschaft. Von seinen zahlreichen Ehrungen ist das im Jahre 1994 verliehene Ehrendoktorat der Universität Graz zu erwähnen, ebenso wie seine Zugehörigkeit zu zahlreichen wissenschaftlichen Gesellschaften.

Werner Leinfellner hat sich zunächst mit Problemen der Wissenschaftstheorie, der Erkenntnistheorie und der Semantik beschäftigt. Von seinen Büchern auf diesem Gebiet seien nur zwei erwähnt: *Struktur und Aufbau wissenschaftlicher Theorien* und *Einführung in die Erkenntnis- und Wissenschaftstheorie*. Von diesem Buch wurden 65.000 Exemplare verkauft, eine Zahl, zu der ich ihm nur neidvoll gratulieren kann.

Werner Leinfellner hat sich intensiv mit komplexen und dynamischen Systemen beschäftigt und im Rahmen der Spieltheorie auch wesentliche Beiträge zur Konflikt- und Risikoforschung geleistet. Zusammen mit Elisabeth hat er auch Forschungen auf dem Gebiet der Ontologie und Semantik betrieben und die Rolle der Wissenschaften und der Technik in unserer Gesellschaft positioniert. Im Gegensatz zu Wittgenstein, mit dem er sich ebenfalls intensiv auseinandersetzte, war er der Meinung, dass die Wissenschaft sehr wohl dazu beiträgt, unsere Lebensprobleme einer Lösung zuzuführen. Ich spiele damit auf das berühmte Wort Wittgensteins an: „Wir fühlen, dass, wenn alle möglichen wissenschaftlichen Fragen beantwortet sind, unsere Lebensprobleme noch gar nicht berührt sind."

Seine Tätigkeit in der ÖLWG war vor allem im Jahr 1991 wichtig, als es anlässlich der Einladung des australischen Philosophen Peter Singer zu einer schweren Krise gekommen war. Er und Elisabeth haben auch wesentlich dazu beigetragen, dass die Gesellschaft in den letzten Jahrzehnten sich auch anderen philosophischen Richtungen geöffnet hat. Ein Zeichen dafür ist auch die Einladung an mich, dem Vorstand beizutreten, galt doch Wien lange Zeit als ein der Philosophie Wittgensteins und der analytischen Philosophie ablehnend gegenüberstehendes, ja feindliches Lager, während aus der Perspektive der Wiener Philosophie die analytische Philosophie nur an den sogenannten österreichischen Provinzuniversitäten Wurzeln schlug. Wittgenstein und der Wiener Kreis wurden dementsprechend in Wien lange Zeit nicht beachtet. Ich erinnere mich auch noch an ein von mir moderiertes Streitgespräch zwischen dem heute auch geehrten Rudolf Haller und Erich Heintel in Wien, wo ich mich eher in der Rolle eines Ringrichters fühlte. Inzwischen haben sich die Zeiten geändert und die Offenheit und Dialogbereitschaft innerhalb der Philosophie ist größer geworden. Ich glaube, dass dies ein gutes Zeichen für die Zukunft ist und dass die ÖLWG durchaus auch dazu einen beachtlichen Beitrag geleistet hat.

Liebe Elisabeth, lieber Werner, ich gratuliere Euch zu und danke Euch von Herzen für Eure Tätigkeit. Ich tue dies nicht nur als Vorstandsmitglied der ÖLWG, sondern auch in meiner Funktion als Dekan der Fakultät für Philosophie und Bildungswissenschaft. Wenn auch Eure Tätigkeit im Vorstand der Gesellschaft zu Ende geht, die philosophische und freundschaftliche Verbundenheit wird ebenso wie Eure vergangenen und zukünftigen Beiträge zum Gedeihen der Gesellschaft bleiben.

Laudatio gehalten anlässlich des Ausscheidens von Elisabeth und Werner Leinfellner aus dem Vorstand der ÖLWG, am 29. IWS 2006 in Kirchberg am Wechsel.

Werner Leinfellner 1977

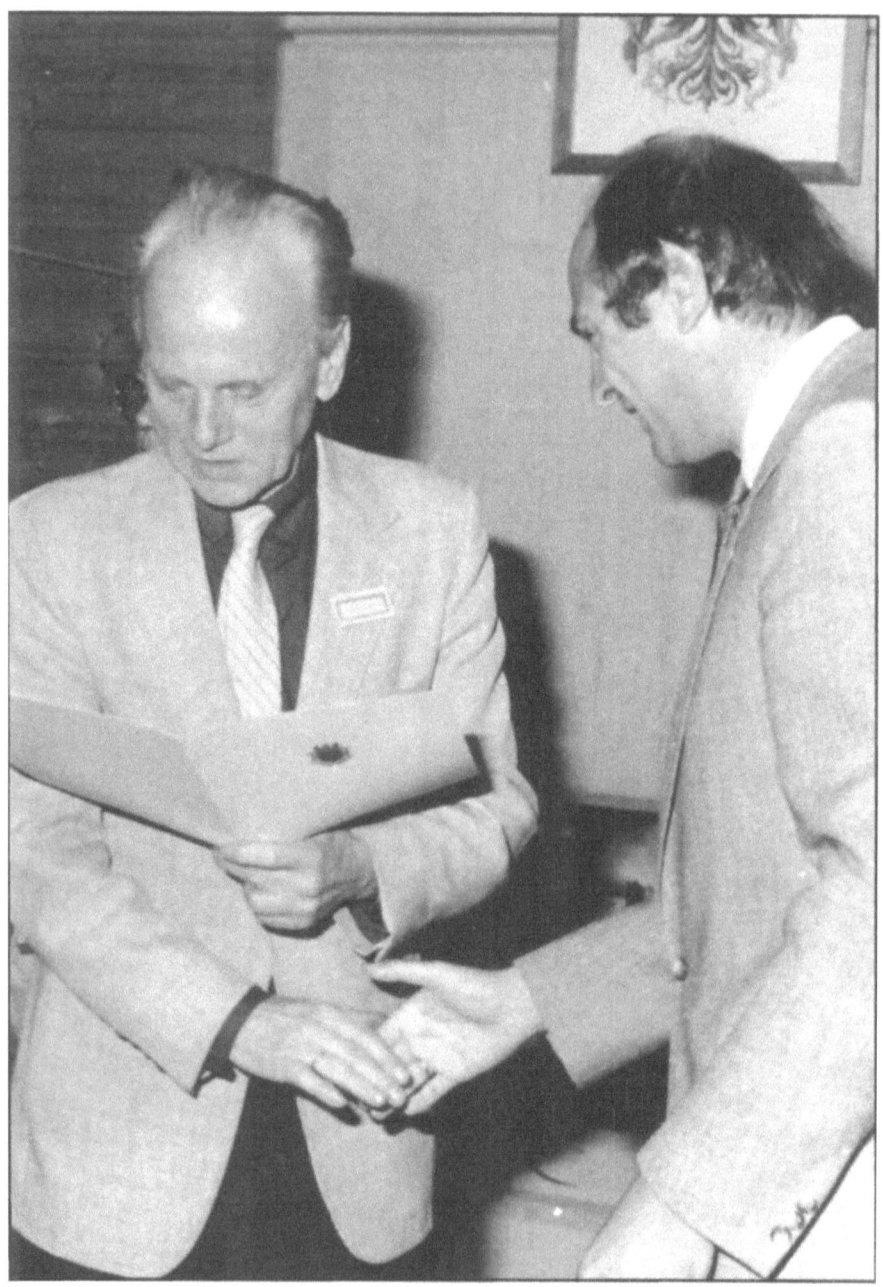
Werner Leinfellner wird von Erwin Pröll 1981 geehrt.

Laudatio von Sascha Windholz
(Freier Ausstellungsgestalter, verantwortlich für PR-Management und das grafische Erscheinungsbild von Publikationen der ÖLWG)

Die wissenschaftlichen Leistungen von Elisabeth und Werner Leinfellner hat Peter Kampits in seiner Laudatio herausgestrichen. Noch nachzutragen wäre hier: Werner Leinfellner gründete 1973 eine der angesehensten Zeitschriften für Grundlagen von Soziologie und Ökonomie, *Theory and Decision*, und eine Buchreihe in vier Serien, *Theory and Decision Library*, die bis heute an die 200 Bände umfasst. Auch ihre Verdienste um die Gründung und Etablierung der Österreichischen Ludwig Wittgenstein Gesellschaft in Kirchberg am Wechsel hat Kampits dargelegt. Was nun bleibt, ist eine persönliche Danksagung an die beiden aus meiner Sicht.
Ich hatte das große Glück, mit Elisabeth Leinfellner zwei Ausstellungen und ein Buch machen zu dürfen. Die Freundschaft und Zusammenarbeit mit Elisabeth ist für mich eine der schönsten Erfahrungen meines Lebens. Nicht nur ihre hohe Arbeitsmoral und ihr kompetentes Fachwissen, vor allem ihre unbändige Lust auf Neues und die Auseinandersetzung mit dem scheinbar Beiläufigen, auf den ersten Blick Banalen, welches schlussendlich aber zu so mancher „guten Geschichte" in den Projekten führte, beeindruckt mich zutiefst.
Der Rat der beiden Leinfellners ist nie rein theoretisch und passiv, sondern immer begleitet durch konkrete Bereitschaft zum Engagement. Um das zu sehen, muss man nicht weit gehen, sondern nur ein paar Seiten blättern in dieser Festpublikation, wo sich der profunde und schöne Artikel von Elisabeth findet. Danke auch von meiner Seite hierfür und die wertvolle Hilfe bei der Produktion dieses Buches!
Auch Werner ist immer da zum Anpacken. Das reicht von der Bereitschaft, seine vielfältigen Kontakte zum Wohl der ÖLWG einzusetzen, bis dahin, dass er sich selbst sofort persönlich einsetzt, wenn es einmal Schwierigkeiten gibt, zum Beispiel bei der Betreuung von Tagungsgästen. Unvergesslich ist mir seine Hilfe und väterliche Mahnung an einen Gast während einer Weinverkostung in der Symposiumswoche 2005, dieser hatte es geschafft, Crew wie Organisatoren kräftig auf Trab zu halten — bis eben zum Eingreifen von Werner.

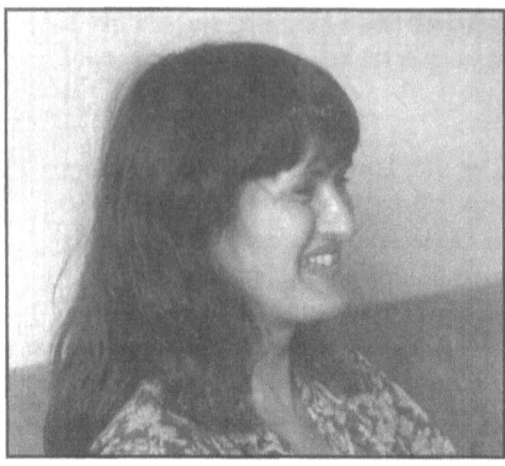

Elisabeth Leinfellner 1985

Auch das Wirken von Elisabeth während der Symposiumswoche ist unübersehbar: Vor allem sei erinnert an die gemeinsamen Führungen durch die Ausstellung *Wittgenstein und Trattenbach* im Schachner-Stüberl am Donnerstag in der Symposiumswoche.
Die konkreten Hilfestellungen von Elisabeth und Werner Leinfellner für die ÖLWG enden nicht mit ihrer Abreise aus Kirchberg. Sie stehen mit Rat und Tat zur Seite, wenn es während des Jahres schwierige Situationen gibt: Besonders erwähnt seien Hilfestellungen bei Fotos und in Copyrightfragen.
Damit sei auch das Thema „Öffentlichkeitswirksamkeit" angesprochen. Wichtige Ansprechpartner von Medien in Sachen Wittgenstein und Wittgenstein Gesellschaft sind und bleiben Werner und Elisabeth Leinfellner; hier das Interview im Rundfunk, da das Statement in Print-Medien. Das ist kein Zufall: Wer schafft es sonst, Publikationen über Wittgenstein so zu verfassen, dass sie auch für ein breiteres Publikum interessant sind? Peter Kampits hat ja schon auf unser Büchlein *Ludwig Wittgenstein. Ein Volksschullehrer in Niederösterreich* hingewiesen.
Ein weiterer Aspekt, der das wissenschaftliche Wirken beider betrifft, ist eine Fähigkeit zum Brückenschlag, nämlich die interdisziplinäre Ausrichtung des Werkes der beiden. Bei Werner, dem international anerkannten Wissenschaftsphilosophen und -theoretiker, liegt dies auch für einen Nicht-Philosophen auf der Hand. Und auch bei Elisabeth sieht man es auf den ersten Blick: Sie ist eine wesentliche Schnittstelle von Philosophie und Sprachwissenschaft, immer mit besonderem Blick auf den Namensgeber der Gesellschaft, Ludwig Wittgenstein. Sie ist es auch, die die ÖLWG mit Wittgenstein-Projekten in benachbarten Disziplinen, aber auch mit künstlerischen Aktivitäten in Kontakt bringt.

Weiters ist die Internationalität zu nennen. Surft man im Internet und besucht die Websites internationaler Gesellschaften, tauchen normalerweise dort, wo auch die ÖLWG Erwähnung findet, die Namen von Elisabeth und Werner Leinfellner auf. Sie haben den Kontakt entweder selbst vermittelt, oder haben indirekt, etwa durch einschlägige Publikationen, die Verbindung geschaffen.
Damit komme ich auch schon an das Ende mit meinem persönlichen Dank für Alles, was Ihr geleistet habt, gerade in den letzten Jahren, auch für mich persönlich. Nochmals Danke — und bitte bleibt uns mit Rat und Tat noch lange erhalten!

Laudatio gehalten anlässlich des Ausscheidens von Elisabeth und Werner Leinfellner aus dem Vorstand der ÖLWG, am 29. IWS 2006 in Kirchberg am Wechsel und für diese Publikation aktualisiert.

Ehrung anlässlich des Ausscheidens des Ehepaars Leinfellner aus dem Vorstand der ÖLWG durch den Bürgermeister von Kirchberg, Willibald Fuchs, 2006.

Paul Weingartner

Paul Weingartner 2006

Laudatio von Gerhard Schurz
(Universität Düsseldorf)

Paul Weingartner, geboren 1931 in Mühlau (Tirol), begann nach zweijähriger Berufstätigkeit als Grundschullehrer sein Studium der Philosophie, Physik und Mathematik an der Universität Innsbruck. Dort kam er unter anderem durch Wolfgang Stegmüller in Kontakt mit der Analytischen Philosophie, und durch den Fulbright Gastprofessor Burnham Terrell in Kontakt mit der neuen symbolischen Logik, welche ihn nachhaltig beeindruckte. Seine großen philosophischen Vorbilder waren und blieben aber immer Aristoteles und Thomas von Aquin. Nach seiner Promotion im Jahre 1961 an der Universität Innsbruck absolvierte er mehrmalige Post-Doc Studienaufenthalte bei Karl Popper in London und bei Wolfgang Stegmüller in München. Im selben Jahr begann er seine Tätigkeit als Assistent am gerade gegründeten Internationalen Forschungszentrum in Salzburg. An diesem Institut organisierte er schon früh (1963, 1964 und 1965) mehrere hochrangig besetzte Konferenzen und entwickelte so sein herausragendes organisatorisches Talent, das auch der Wittgenstein Gesellschaft zugute kommen sollte.

Nach seiner Habilitation an der Universität Graz erhielt er 1965 die venia legendi als Dozent in Philosophie. Seine Habilitationsschrift *Grundfragen zum Wahrheitsproblem* wurde mit dem Kardinal-Innitzer-Preis für Philosophie des Jahres 1966 ausgezeichnet. Im Jahr 1971 wurde Paul Weingartner schließlich zum ordentlichen Professor für Philosophie an der Universität Salzburg ernannt. Im Jahr 1976 formierte sich das Gründungskomitee der Internationalen Wittgenstein Symposien in Kirchberg am Wechsel, dem neben Rudolf Haller, Adolf Hübner, Lore Hübner, Elisabeth Leinfellner und Werner Leinfellner auch Paul Weingartner angehörte.

Als ich im Endstadium meiner Dissertation an der Universität Graz über *Wissenschaftliche Erklärung* schon sehr am Zweifeln war, ob ich jemals einen dauerhaften Job in der Philosophie erhalten würde, oder doch in der Spur meines Erststudiums Chemiker werden sollte, hatte ich das Glück, dass mir Paul Weingartner bei einem Vortrag auf dem Wittgenstein Symposium 1982 mit dem Generalthema *Erkenntnis- und*

Wissenschaftstheorie zuhörte, welches er zusammen mit Hans Czermak organisiert hatte. Wenn ich mich richtig erinnere, war es Herlinde Pauer-Studer, die damals Edgar Morscher auch auf mich aufmerksam gemacht hatte, der wiederum Paul Weingartner auf mich aufmerksam machte. Jedenfalls bot mir Paul Weingartner daraufhin eine zunächst zeitlich begrenzte Assistentenstelle in Salzburg an, welche er nach Beendigung meiner Dissertation im Jahre 1983 in eine Dauerstelle umwandelte. Und so wurde ich sein Assistent.

Das Jahr 1983 gehört zu den Höhepunkten von Paul Weingartners Karriere, denn damals organisierte Paul zusammen mit seinem Assistenten Georg Dorn den dreijährlich stattfindenden *Internationalen Kongress für Logik, Methodologie und Philosophie der Wissenschaften* im Auftrag der Internationalen Vereinigung für Geschichte und Philosophie der Wissenschaften. Ich erinnere mich, wie wir damals im Rahmen einer kleinen Feier ergriffen Sir Karl Popper in unserer Mitte empfingen und ihm mit angehaltenem Atem zu Füßen lagen, während Paul kurzerhand auf einen Stuhl stieg und eine emphatische Ansprache hielt.

Paul Weingartner erhielt 1995 das Ehrendoktorat der Marie-Curie-Universität Lublin und ist seit 1997 Mitglied der New York Academy of Sciences. Er hatte Gastprofessuren an zahlreichen ausländischen Universitäten (wie z.B. Kalifornien, Pittsburgh, Brasilien, Canberra/Australien) und hielt Gastvorlesungen an mehr als 90 Universitäten, verstreut über alle Erdteile. Eines seiner großen Verdienste war es, das Austauschprogramm zwischen dem Institut für Philosophie der Universität Salzburg und dem Department of Philosophy der University of California at Irvine ins Leben gerufen zu haben. Zwei Festschriften wurden zu seinen Ehren geschrieben (1981 hrsg. von Edgar Morscher, Gerhard Zecha und Otto Neumaier, und 1991 herausgegeben von meiner Wenigkeit und Georg Dorn).

Paul Weingartners Forschungsgebiete umfassen die *Logik*, von der Modallogik und Epistemischen Logik bis zur Relevanzlogik, die *Wissenschaftstheorie* und die *Erkenntnistheorie*, die *Philosophie der Naturwissenschaften*, aber auch *Ethik* und *Wertphilosophie*, sowie die *Philosophie der Religion*. Zugleich ist Paul Weingartner ein Kenner der Philosophiegeschichte, insbesondere der *Philosophie der Antike* und des *Mittelalters*. Mit ihm zusammen habe ich vorallem auf zwei

Gebieten geforscht: zu einem haben wir einen Ansatz des *relevanten deduktiven Schließens* entwickelt, an dem wir und andere Autoren bis heute arbeiten, und zum anderen haben wir, unter Anwendung dieses Ansatzes, die *Popper'sche Theorie der Wahrheitsnähe* verbessert und von Paradoxien befreit. Für Paul stand darüber hinaus immer der *Begriff der Wahrheit* sowie der *Begriff des Naturgesetzes* im Zentrum seiner Forschungen. Darüber hinaus bemühte er sich kontinuierlich um die wissenschaftliche Begründung von Wertfragen und von Fragen des religiösen Glaubens.

Paul Weingartners Publikationen, Aufsätze, Bücher und Sammelbände sind so zahlreich, dass ich hier nur einige wenige Bücher jüngeren Datums nennen kann: seine Bücher *Laws of Nature* (Springer 2005, zusammen mit Peter Mittelstaedt), *Basic Questions on Truth* (Kluwer 2000), *Logisch-philosophische Untersuchungen zu philosophiehistorischen Themen* (P. Lang 1996), *Logisch-philosophische Untersuchungen zu Werten und Normen* (P. Lang 1996), sowie seine Sammelbände *Das Problem des Übels in der Welt* (P. Lang 2005), *Formale Teleologie und Kausalität* (Mentis 2004, zusammen mit Michael Stöltzner), *Alternative Logics. Do Sciences Need Them?* (Springer 2003), *Koexistenz rivalisierender Paradigmen* (Westdeutscher Verlag 1998, zusammen mit mir) sowie *Law and Prediction in the Light of Chaos Research* (Springer 1996, zusammen mit mir). Nach wie vor beliebt sind seine beiden Einführungsbände in die *Wissenschaftstheorie* (Band 1 1971, 1978, und Band 2 1976) bei frommann-holzboog. Besonders bewundert an Paul habe ich immer, wie er es schaffte, zugleich philosophisch enorm produktiv zu sein und regelmäßig hochrangige internationale Kooperationen, Symposien und Konferenzen zu organisieren. Dreimal hatte ich die Ehre, mit ihm zusammen ein Wittgenstein Symposium zu organisieren. Im Jahr 1986 war es das 11. Internationale Wittgenstein Symposium mit dem Generalthema *Logik, Wissenschaftstheorie und Erkenntnistheorie*, in dessen Rahmen auch das Gödel-Symposium *Digitale Intelligenz. Von der Philosophie zur Technik* stattfand, mit berühmten Naturwissenschaftlern wie René Thom und Roger Penrose, Logikern wie Georg Kreisel, Angus Macintyre, Ernst W. Mayr, und Philosophen wie Brian Skyrms, Mario Bunge, Ilkka Niiniluoto, David Miller und Crispin Wright, *um nur einige von vielen zu nennen*. In diesem Jahr mussten wir erstmals, wegen der enorm

großen Anzahl von Beiträgen und der Umfangsbeschränkungen seitens des Hölder-Pichler-Tempsky Verlages, die Herausgabe der Beiträge in *Akten/Proceedings* (430 Seiten mit 62 Beiträgen) und *Berichte/Reports* (340 Seiten mit 68 Beiträgen) vornehmen. Nicht nur die *Akten*, auch die *Berichte* hatten ein ausgezeichnetes Niveau, denn die für das Symposium eingereichten Beiträge waren bereits zuvor begutachtet und einer Selektion unterzogen worden. Obwohl es anfänglich einige Kritiker dieser Aufspaltung gab, hatte sie sich doch alsbald hervorragend bewährt, und war zweifellos eine bessere Lösung als die Alternative, überhaupt nur die eingeladenen und eine kleine Selektion eingereichter Beiträge in Form von Konferenzakten zu veröffentlichen. Im Jahr 1988 war es das 13. Internationale Wittgenstein Symposium zum Thema *Philosophie der Naturwissenschaften*, welches Paul mit mir organisierte. Auch hier hatten wir neben bedeutenden Philosophen, wie Nancy Cartwright, Bas van Fraassen, Eike von Savigny, Peter Mittelstaedt, auch bedeutende Naturwissenschaftler eingeladen, unter anderen Bernard d'Espagnat, O. Costa de Beauregard, August Meessen, Hermann Haken und Peter Schuster — wobei ich wiederum nur *einige* pars pro toto genannt habe. Neun Jahre später war es schließlich das 20. Internationale Wittgenstein Symposium mit dem Generalthema
Die Rolle der Pragmatik in der gegenwärtigen Philosophie, das ich mit Paul Weingartner und Georg Dorn organisierte, und bei welchem der Andrang eingereichter Vorträge besonders hoch war. Unter den eingeladenen Philosophen einige zu nennen, fällt mir in diesem Fall besonders schwer; darunter befanden sich zum Beispiel Nicholas Rescher, Paul Gochet, Peter Gärdenfors, Franz von Kutschera, Risto Hilpinen, Ernest W. Adams, Brian Skyrms, John L. Pollock, Patrick Suppes, William L. Harper, Theo Kuipers, Gerhard Vollmer und Dieter Birnbacher. Wir hatten die *Akten* mit einer ausführlichen Einleitung versehen, um sie als *Einführungsband* in die gegenwärtige Analytische Philosophie brauchbar zu machen; unter anderem wurde dieser Band auch ins Rumänische übersetzt. Die Berichte nahmen den Umfang von zwei Bänden mit zusammen über 1000 Seiten an, und ich erinnere mich noch an die Sterne vor meinen Augen, als ich in vielen Nächten deren Layout am Computer herstellte.

Zusammen mit Winfried Löffler organisierte Paul Weingartner 2003 das 26. Internationale Wittgenstein Symposium mit dem Generalthema *Wissen und Glauben*. Unter den eingeladenen Sprechern befanden sich unter anderen Adolf Grünbaum, Robert Audi, Timothy Williamson, Gregory Chaitin, Ernest Sosa, Krister Segerberg, Peter Schuster, Patrick Suppes, sowie Luc Bovens und Stephan Hartmann, welche einen Workshop über Bayesianische Epistemologie veranstalteten.

Paul Weingartner war und ist eine wesentliche Stütze der philosophischen Aktivitäten der Österreichischen Ludwig Wittgenstein Gesellschaft, sowie der Analytischen Philosophie in Österreich insgesamt. Seit 1976 ist Paul Weingartner im Vorstand der Wittgenstein Gesellschaft aktiv tätig, und ich erinnere mich, wie er in gelegentlich auch hitzigen Vorstandsdiskussionen nie die Ruhe verlor, immer auf die konsensuelle Lösung bedacht war, und soweit als möglich eine ausgleichende Position einnahm. In seiner für ihn typischen Nachhaltigkeit ist er mittlerweile das letzte Gründungsmitglied, welches noch heute im Vorstand der Ludwig Wittgenstein Gesellschaft tätig ist.

Paul Weingartner mit Lore Hübner 1977

Dear Margret, Ursula and colleagues
THANK YOU so much for a wonderful conference! It was so excellent, so well organized and so welcoming, and St. Klaraheim was delightful and welcoming as well.
I hope you, and all your staff (my best to Anna Mitter and Frau Mitter!), can now have a proper holiday!!
Thank you very much again for everything! I hope all goes well.
Best wishes
Jeremy Butterfield, Cambridge, in einem Schreiben an Margret Kronaus.
(Siehe auch „Zur Person", Seite 179)

Alle Jahre wieder gibt es, erfreulicherweise, ein Symposium

Margret A. Kronaus (Büroleiterin in Kirchberg der ÖLWG)

Ich organisiere nun mein 11. Symposium, gemeinsam mit Ursula Past ist es mein 10., und es macht mir noch immer sehr viel Spaß. Wahrscheinlich deswegen, da es zwar eine gewisse Routine bei den Vorbereitungen und auch während des Symposiums gibt, jedoch dies nur die Hälfte ist. Die andere Hälfte ist durch die große Anzahl an Teilnehmern immer sehr unterschiedlich. Jedes Jahr werden neue Organisatoren bestellt, die jeweils andere Akzente einbringen.

Die Vorbereitungen beginnen immer kurz nach dem vergangenen Symposium, wenn die organisatorischen Dinge aufgearbeitet sind. Alle Personen in unserer Adressenliste werden angeschrieben, dabei wird ihnen für das nächste Symposium ein Folder zugesandt. Die Folder kommen dann ungefähr ab Jänner retour und müssen aufgearbeitet werden, um den aktuellen Teilnehmerstand up-to-date zu halten. Die Zimmer werden vorreserviert, die Veranstaltungen während des Symposiums geplant, die Shuttle-Busse abgestimmt, die Crew zusammengestellt, die Volksschule angemietet und für den Kongress vorbereitet, auch die Zimmer fixiert und mit den Vermietern nochmals abgesprochen. All dies benötigt ca. ein ¾ Jahr Vorlaufzeit und Frau Past und ich sind in dieser Zeit laufend damit beschäftigt.

Besonderes Lob und Dank möchte ich der Crew aussprechen, ohne die wir dies alles nicht schaffen würden. Die Crew-Mitglieder sind sehr engagiert und geben immer ihr Bestes — sei es beim Einrichten der Volksschule als Kongresszentrum oder während des Symposiums selbst, als auch am Schluss beim „Rückbau" zur Volksschule. Es wird immer versucht, die Wünsche und Anliegen der Symposiumsteilnehmer umgehendst zu erfüllen und bei Problemen sofort zu helfen.

Deshalb hoffen wir, die Crew, Ursula Past und ich, dass es noch viele solch außergewöhnliche Symposien geben wird.

Die „Crew" wartet auf ihren nächsten Einsatz — oben 1980er Jahre, unten 2006.

During the more than 30 years since its founding in 1974 the Austrian Ludwig Wittgenstein Society has contributed in many ways to elucidating and exploring the various aspects of Wittgenstein's philosophy. Especially through its symposia, of which this year's symposium is the 30th, it has expanded its scope to include many other tendencies in contemporary philosophy that have their roots in Austria, such as the phenomenological movement and the emphasis on reason and argument which has been inspired by the Vienna Circle and spread from the philosophy of science, epistemology and logic to ethics, social and political philosophy and the humanities.
Dagfinn Føllesdal, Stanford University
(Siehe auch „Zur Person", Seite 180)

Auflistung der Symposien

Ein Symposium wird vorbereitet – Komiteesitzung 1980.

1. Internationales Wittgenstein Symposium

Wittgenstein-Tage

24. bis 29.4.1976

Hotel Post

Wissenschaftliche Leitung:
Elisabeth Leinfellner, Werner Leinfellner,
Rudolf Haller, Paul Weingartner, Adolf Hübner

1976 kam es zu den „Wittgenstein-Tagen" in Kircberg am Wechsel, rückblickend in „Erstes Internationales Wittgenstein Symposium" umgetauft. „Ich wünsche ganz ländliche Verhältnisse" soll Wittgenstein gesagt haben, als er die Stelle als Lehrer in dem Wallfahrtsort Maria Schutz abgelehnt hatte — hier waren sie, die ländlichen Verhältnisse, mit dem ganzen Charme, den so etwas haben kann. Es regnete, die Häuser waren beflaggt; vor dem Kloster hielt der Landeshauptmann-Stellvertreter, Siegfried Ludwig, eine Rede; die Blasmusik spielte, jemand sang lauthals mit; die erste Wittgenstein Dokumentation in einem kellerartigen Raum im Kloster wurde eröffnet. Und auf der Bühne im Speisesaal des „Hotel Post" wurden fünf Vorträge gehalten.

Elisabeth Leinfellner, Werner Leinfellner, Rudolf Haller, Paul Weingartner, Adolf Hübner beim 1. IWS

In Amerika berühmt, in Österreich fast vergessen: L. Wittgenstein
(Kurier, 27. April 1976)

Fünfundzwanzig Jahre, nachdem man den Philosophen in die britische Erde versenkt hatte, drang die Kunde seines Ruhmes bis in die Bucklige Welt. Dort entsann man sich, dass der große Denker in jungen Jahren einmal den Dorfkindern das Lesen und Schreiben beigebracht hatte. In Trattenbach und Otterthal erinnerten sich ehemalige Schüler an die Lehren, die sie von Wittgenstein empfangen, und die Prügel, die sie von ihm bezogen hatten. Im Nachbardorf Kirchberg am Wechsel trafen sich findige Tourismusexperten und alerte Philosophieprofessoren und riefen 1976/77 die Wittgenstein-Symposien ins Leben, eine gelungene Symbiose aus Geist und Kommerz.
(*Süddeutsche Zeitung*, 25. August 1994)

2. Internationales Wittgenstein Symposium

Wittgenstein und sein Einfluss auf die gegenwärtige Philosophie

Wittgenstein and his Impact on Contemporary Thought

29.8. bis 4.9.1977

Volksschule Kirchberg

Wissenschaftliche Leitung:
Elisabeth Leinfellner, Werner Leinfellner,
Hal Berghel, Adolf Hübner

Remembering Kirchberg 1977
Anyone who attended the second annual Wittgenstein Symposium is not likely to forget it. For a young scholar it was mighty impressive to see everybody who was anybody on the Wittgenstein scene gathered together for a week, discussing, socializing and generally enjoying each other's company (it would be simpler to list who was not there from the international Wittgenstein community than to make a long list of those who were present). The philosophical highlight of the meeting was G.H. von Wright's presentation of the *Vermischte Bemerkungen*. Since only a few of the people present were aware that Wittgenstein's *Nachlass* contained such texts, the little book was a bombshell. I can still remember staying up well into the night devouring its pages. Of course, staying up well into the night or all night long was not so unusual: The friendly, open atmosphere of everything connected with that meeting, where students and professors, world famous thinkers and obscure autodidacts sat together in animated conversation was

Die Ehepaare Leinfellner und Hübner 1977

the setting in which innumerable lasting friendships, personal and philosophical, were made. The only dark side to these reminiscences is that an awful lot of those people are no longer with us. That makes going back to Kirchberg somewhat melancholic: it is full of carousing philosophical ghosts.

Allan Janik (The Brenner Archives Research Institute / University of Innsbruck)
(Siehe auch „Zur Person", Seite 181)

> 400 Teilnehmer aus 20 Staaten haben sich in dem landschaftlich reizvollen und mit Geschmack gepflegten niederösterreichischen Marktflecken eingefunden, unter Bedingungen, wie sie einem Kongreßzentrum anstehen. [...] Ort der Vorlesungen ist nämlich die neue Schule Kirchbergs, ein 1972 am Berghang vor der alten St.-Wolfgang-Kirche errichteter Bau, der nicht nur durch seine schöne Lage, sondern auch durch eine architektonische Originalität gekennzeichnet ist, die ihresgleichen sucht.
> (*Wiener Zeitung*, 2. September 1977)
>
> Einheimische registrierten wohlgefällig vollbelegte Hotelzimmer, klingelnde Kassen und bis ins Morgengrauen verlängerte Sperrstunden. [...] Braucht der normal Sterbliche Philosophen sohin nur als Gäste und Konsumenten?
> (*Kurier*, August 1977)
>
> [Es] ist [...] der Österreicher Wittgenstein dem Kulturvolk der Österreicher noch nicht ins Bewußtsein gedrungen. Im Fußball hat die Bundeshauptstadt längst abgewirtschaftet. Jetzt ist es auch bald mit der Kultur so weit. Eins zu null für Kirchberg am Wechsel.
> (*Kurier*, August 1977)

3. Internationales Wittgenstein Symposium

Wittgenstein, der Wiener Kreis und der Kritische Rationalismus

Wittgenstein, the Vienna Circle and Critical Rationalism

13. bis 19.8.1978

Volksschule Kirchberg

Wissenschaftliche Leitung:
Hal Berghel, Adolf Hübner, Eckehart Köhler

Das Symposium war eine kritische Würdigung jener Philosophen, die, von Wien ausgehend, einen dominierenden Einfluss auf das Denken im 20. Jahrhundert ausgeübt haben: Ludwig Wittgenstein, Moritz Schlick, Rudolf Carnap, Otto Neurath, Karl Menger und Karl Popper.

Geselliges Beisammensein im „Stüberl" des Fischteiches von Adolf Hübner.

Um nicht im Elfenbeinturm philosophischer Theorien den Kontakt mit der Umwelt zu verlieren, haben die Macher des Wittgenstein-Symposiums Praxisnähe beschlossen[...].
(*Kurier*, 10. September 1977)

In Kirchberg sind aber nicht nur Schulphilosophen sondern auch normal Sterbliche mit Hang zu Wittgenstein zu kulanten Tagespreisen willkommen. Hohe Geistesflüge werden hier noch zu Preisen gehandelt, die der Durchschnittskonsument bezahlen kann.
(*Kurier*, 23. August 1978)

4. Internationales Wittgenstein Symposium

Sprache, Logik und Philosophie

Language, Logic, and Philosophy

28.8. bis 2.9.1979

Volksschule Kirchberg

Wissenschaftliche Leitung:
Rudolf Haller, Wolfgang Grassl

Bearbeitet wurde ein Querschnitt durch die Analytische Philosophie, der die wichtigsten Tendenzen der damaligen Zeit klar erkennen lässt. Darüber hinaus Beiträge zur Philosophie Wittgensteins. Folgende Themen wurden behandelt: Sprache und Mathematik; Wahrheit und Interpretation; Sprechakttheorie; Referenztheorie; Grundlagen der Linguistik; Logik und Semantik; Diskurs- und Entscheidungstheorien.

Zum viertenmal werden vom 27. August bis zum 2. September in Kirchberg am Wechsel Wittgensteinfans und Wittgensteinkritiker zusammenkommen. Die internationalen Symposien im idyllischen Dorf, in dem Ludwig Wittgenstein als Volksschullehrer tätig war [sic], sind inzwischen so bekannt, dass die Philosophen aus aller Welt — auch aus dem Fernen Osten — nach Österreich kommen.
(*Kurier*, 20. August 1979)

Das zum viertenmal in Kirchberg am Wechsel tagende Wittgenstein-Symposium hat sich zur Institution gemausert: Aus dem Experiment, das Österreich für die Gedanken des österreichischen Philosophen kolonisieren sollte, wurde so etwas wie ein nationaler Philosophiekongress.
(*Kurier*, 1. September 1979)

Die Wahl von Kirchberg als Ort der Symposien geht nicht allein darauf zurück, dass Wittgenstein dort, bzw. in den Dörfern der näheren Umgebung, Anfang der zwanziger Jahre eine Krisenzeit durchmachte […], sie ist auch darin begründet, dass Kirchberg wegen seiner überschaubaren ländlichen Einheit den idealen Umraum für die Pflege einer Schule quasi sokratischer Art bietet; die „Agora" bildet denn auch die neue, im Stil geschmackvoller Moderne erbaute Volksschule, die — an einem Berghang gelegen — einen panoramaartigen Blick in das weite, freundliche Hügelland der Buckligen Welt gewährt.
(*Salzburger Nachrichten*, 4. September 1979)

Oft waren nicht genug Stangen da, um für alle Teilnehmernationen die Fahnen aufzuhängen.

5. Internationales Wittgenstein Symposium

Ethik. Grundlagen, Probleme und Anwendungen

Ethics: Foundations, Problems, and Applications

25. bis 31.8.1980

Volksschule Kirchberg

Wissenschaftliche Leitung:
Edgar Morscher, Rudolf Stranzinger

Einerseits wurden wichtige theoretische Fragen der normativen Ethik und Metaethik behandelt, andererseits wurde auch der immer stärkeren Berücksichtigung und Anwendung der Ethik in den verschiedensten Wissenschaftszweigen (zum Beispiel Medizin, Biologie und Ökologie), im Wirtschafts- und übrigen öffentlichen Leben Rechnung getragen.

Oft finden als Begleitveranstaltung zum Symposium auch Konzerte statt, so 1980.

Tagungsmappe für die Symposiumsteilnehmer 1980 und 2006

6. Internationales Wittgenstein Symposium

Sprache und Ontologie

Language and Ontology

24. bis 30.8.1981

Volksschule Kirchberg

Wissenschaftliche Leitung:
Werner Leinfellner, Eric Kraemer, Jeffrey Schank

Das Symposium beschäftigte sich schwerpunktmäßig mit historischen und gegenwärtigen Problemen der Ontologie, die sich als bedeutendste Interdisziplin zwischen den Wissenschaften und der Philosophie mit den Grundlagenproblemen, Grenzfragen und den allgemeinsten Strukturen der Welt befasst. Diskussionsschwerpunkte bildeten dabei die folgenden Themen: Traditionelle und gegenwärtige ontologische Systeme; Ontologische Probleme; Formale Ontologien; Erkenntnis und Ontologie; Ontologische Grundlagen der Naturwissenschaften; Ontologische Grundlagen der Sozialwissenschaften.

Irgendwo zwischen Wien und Graz liegt in einem Bergtal das idyllische Kirchberg am Wechsel. Hier findet seit 1976 alljährlich ein internationales Wittgensteinsymposium statt. [...] Wieso gerade Kirchberg [...]? — In der Nähe von Kirchberg liegen die Ortschaften Trattenbach und Otterthal, wohin sich Wittgenstein nach dem Tractatus logico-philosophicus zurückgezogen hatte. [...] — Was soll man eine Woche lang in einem Dorf machen, außer Vorträge anzuhören? So fragen sich wohl die meisten, die zum ersten Mal zu diesem Symposium kommen. Und darin liegt das Geheimnis der Wahl des Ortes verborgen, das die Organisatoren sehr wohl kennen und alle diejenigen auch, die schon öfters hier waren: gerade die Abgeschiedenheit verhindert, daß man sich verläuft. Und die Ereignislosigkeit der Gegend hilft mit, Gespräche ohne Eile zustande kommen zu lassen, am Abend, in einem der Gasthäuser, wie in einer großen Familie. Die Ereignislosigkeit des Rahmens macht das Gespräch zum Ereignis.
(*Zeitschrift für Semiotik*, 1981)

7. Internationales Wittgenstein Symposium

Erkenntnis- und Wissenschaftstheorie

Epistemology and Philosophy of Science

22. bis 29.8.1982

Volksschule Kirchberg

Wissenschaftliche Leitung:
Paul Weingartner, Johannes Czermak

Das Symposium war in drei Blöcke gegliedert: 1. Erkenntnistheorie (Wissen und Glauben, Logik, Sprachphilosophie, Evolutionäre Erkenntnistheorie); 2. Wissenschaftstheorie (Wissenschaftlichkeit und Rationalität, Probleme der Mathematik, Wissenschaftliche Theorien, Philosophische Interpretation von physikalischen Theorien); 3. Wittgenstein.

Immer gab es sehr prominente Vortragende, so Elizabeth Anscombe (1919–2001), Studentin von Wittgenstein und neben Rush Rhees und G. H. von Wright eine der drei Verwalter der philosophischen Hinterlassenschaft Wittgensteins.

8. Internationales Wittgenstein Symposium

Ästhetik — Religionsphilosophie

Aesthetics — Philosophy of Religion

15. bis 21.8.1983

Volksschule Kirchberg

Wissenschaftliche Leitung:
Wolfgang L. Gombocz, Rudolf Haller

**1983 hatte die ÖLWG erstmals zwei getrennte Themen auf das Symposiumsprogramm gesetzt, Ästhetik sowie Religionsphilosophie; außerdem gelang es, den Nestor der kontinentaleuropäischen Religionsphilosophie, Joseph M. Bochenski aus Freiburg in der Schweiz, für den Eröffnungsvortag zu gewinnen.
Die Sektionen waren: Wittgenstein; Neuere Entwicklungen in der Ästhetik; Methoden in der Ästhetik und in der Religionsphilosophie; Glaube und Wissen; Religion und Wissenschaft. Darüber hinaus wurden in Workshops unter anderen folgende Fragen diskutiert: Hermeneutik in der Ästhetik; Methodologie der Ästhetik; Religiöse und wissenschaftliche Modelle; Psychoanalyse; Psychologie oder Wittgensteinsche Ästhetik; Religionsphilosophie.**

Kirchberg, Austria, has been taken over by philosophers each year for the past nine summers. [...] The Wittgenstein conference is not a run of the mill international conference. It is held in Kirchberg. [...] Because Kirchberg is so small, participants cannot 'escape' after sessions but spend the whole week together [...], and there are often debates and discussions in the inns and restaurants.
(*UNL Bulletin Board*, April 9, 1984; abgedruckt in *Lincoln Journal*, 13. April 1984)

9. Internationales Wittgenstein Symposium

Philosophie des Geistes — Philosophie der Psychologie

Philosophy of Mind — Philosophy of Psychology

19. bis 26.8.1984

Volksschule Kirchberg

Wissenschaftliche Leitung:
Roderick M. Chisholm, Johann Christian Marek,
John T. Blackmore, Adolf Hübner

Die Themen des Symposiums, das mit philosophischer Psychologie insbesondere in ihrem Zusammenhang mit der Sprachphilosophie befasst war: Intentionalität; Geist und Gehirn; Das Ich und die Welt; Methodologie der Philosophie des Geistes; Deskriptive Psychologie und Phänomenologie; Handlung, Emotion und Wille; Intentionale Einstellungen; Wittgenstein und die Philosophie des Geistes; Wittgensteins frühe Philosophie; Wittgensteins späte Philosophie; Logik und die Philosophie der Sprache; Psychoanalyse; Universelle Sprachen.

1984 beim traditionellen Empfang der Vortragenden (oben) und 22 Jahre später (unten).

The village of Kirchberg, population 3000, will be the site of the Ninth International Wittgenstein Symposium. [...] "The purpose of the conference is to bring philosophers together", said Leinfellner, "and Kirchberg is ideal because it is so small that participants cannot 'escape' after sessions."
(*Austrian Information*, Bd. 37, No. 78, 1984)

10. Internationales Wittgenstein Symposium

Die Aufgaben der Philosophie in der Gegenwart

The Tasks of Contemporary Philosophy

18. bis 25.8.1985

Volksschule Kirchberg

Wissenschaftliche Leitung:
Werner Leinfellner, Franz M. Wuketits

Anlässlich des zehnjährigen Bestehens der Wittgenstein Symposien wurden die aktuellen Anforderungen an die Philosophie behandelt: Philosophie als Grundlage der Methodologie der Wissenschaften; Philosophie als Logik und Sprachkritik; Die moralische Verantwortung für Mensch und Umwelt in Wissenschaft und Technik; Probleme einer zeitgenössischen Metaphysik; Philosophie, Religion und Weltanschauung.
Geschichte und Eigenart der „Österreichischen Philosophie" waren Thema eines selbständigen Seminars im Rahmen des Symposiums. Forscher aus den USA, England, Deutschland, Israel, Ungarn und natürlich aus Österreich nahmen Bezug auf philosophisches Denken in der Donaumonarchie und deren Nachfolgestaaten.

Elisabeth Leinfellner im Gespräch mit Bernhard Pelzl im Symposiumscafe (oben).

Viele Teilnehmer genießen in den Pausen die Terrasse vor der Schule (unten) – Fotos 1980er Jahre.

Der aufstrebende Fremdenverkehrsort Kirchberg am Wechsel ist der Heimatort des großen Philosophen Ludwig Wittgenstein, der hier auch als Volksschullehrer wirkte. (*Kurier*, 7. August 1985)
Anmerkung: *Das Gerücht wird geboren – und besteht bis heute.*

11. Internationales Wittgenstein Symposium

Logik, Wissenschaftstheorie und Erkenntnistheorie

Logic, Philosophy of Science, and Epistemology

4. bis 13.8.1986

Volksschule Kirchberg

Wissenschaftliche Leitung:
Paul Weingartner, Gerhard Schurz

Das Symposium war in drei Teile gegliedert: 1. Philosophische Grundlagen der Logik und Mathematik; 2. Wissenschaftstheorie; 3. Erkenntnistheorie.
Der erste Teil enthielt auch Beiträge zum Kurt-Gödel-Symposium: Digitale Intelligenz — Von der Philosophie zur Technik. Abgerundet wurde das Syposium durch neue Interpretationen der Philosophie Wittgensteins.

Ein unverzichtbares Requisit: die Nachrichtentafel.

12. Internationales Wittgenstein Symposium

Philosophie des Rechts, der Politik und der Gesellschaft

Philosophy of Law, Politics, and Society

7. bis 14.8.1987

Volksschule Kirchberg

Wissenschaftliche Leitung:
Ota Weinberger, Peter Koller, Alfred Schramm

**Das Symposium war in drei große Abschnitte gegliedert:
1. Philosophische Grundlagen der Moral, des Rechts und der Politik;
2. Philosophische Probleme der Sozialwissenschaften; 3. Probleme der Philosophie und die Philosophie Wittgensteins. Es wurden sowohl theoretische Fragen (zum Beispiel Moraltheorie, Konzeption der politischen Philosophie) wie auch praktische (zum Beispiel Gewalt, soziale Ordnung, Macht) diskutiert.**

Die „neue" Volksschule war bisher achtundzwanzigmal das Tagungszentrum — Foto aus dem Jahr 1987 (oben) und 2006 (unten).

Das diesjährige internationale Wittgenstein Symposium war ein Ort der Begegnung von Philosophen und Rechts- und Sozialwissenschaftern. „Begegnung" darf hier wörtlich genommen werden, denn die niederösterreichische Gemeinde Kirchberg am Wechsel eignet sich durch ihre Lage und nicht zuletzt durch ihre Wirtsstuben besonders für Gespräche, für Dialoge, die immer — auch außerhalb des offiziellen wissenschaftlichen Programms — bis tief in die Nacht hinein geführt werden.
(*Wiener Zeitung*, 28. August 1987)

13. Internationales Wittgenstein Symposium

Philosophie der Naturwissenschaften

Philosophy of the Natural Sciences

14. bis 21.8.1988

Volksschule Kirchberg

Wissenschaftliche Leitung:
Paul Weingartner, Gerhard Schurz

Folgende Themen wurden bei diesem Symposium behandelt:
Selbstorganisation; Körper-Geist-Problem; Holismus; Geschichte der Naturwissenschaften (unter anderen die Interpretationen von Ernst Mach, Albert Einstein und Ludwig Boltzmann); Gesetze der Natur (induktive und andere Methoden der Überprüfung, Inkommensurabilität und wissenschaftlicher Wandel, Realismusproblem, Pragmatische Erkenntnisanalyse); Wittgensteins Verhältnis zu den Wissenschaften.

Während der Konferenz werden die Klassenräume der Volksschule zu Vortragssälen.

14. Internationales Wittgenstein Symposium

Wittgenstein.
Eine Neubewertung

Wittgenstein:
A Re-evaluation

13. bis 20.8.1989

Volksschule Kirchberg

Wissenschaftliche Leitung:
Rudolf Haller, Johannes Brandl

Die Feiern anlässlich der hundertsten Wiederkehr von Wittgensteins Geburtstag gaben Anlass für eine Neubewertung seiner Philosophie. Das Symposium brachte eine neue und umfassende Darstellung der Wittgenstein'schen Philosophie. International renommierte Philosophinnen und Philosophen und viele jüngere Autorinnen und Autoren einer neuen Generation von Wittgenstein-Interpreten hielten Vorträge.

Eingang des Tagungszentrums 1989

Kirchberg ist von Montag bis Samstag dieser Woche ein Ort der stillen Sensationen, die potentiell Geschichte machen.
(*Der Standard*, 16. August 1989)

Die Kirchberger Wittgenstein-Symposien haben sich zu einer Art „Alpbach der Philosophen" entwickelt;
(*ibf Spektrum*, 1. August 1989)

Unter allen Veranstaltungen, die in diesem Jahr dem Gedenken an Wittgenstein gewidmet sind, [...] verdient das Kirchberger Symposium besondere Beachtung [...] nicht nur, weil das diesjährige Symposium eine 100-Jahr-Feier gewesen ist, sondern weil es selbst schon eine ruhmreiche Geschichte hat.
(*Wiener Zeitung*, August 1989)

Ein Internationales Wittgenstein Symposium unter dem Motto einer „Neubewertung" hat die ruhige, malerische Gemeinde Kirchberg am Wechsel in Atem gehalten. Für die Bevölkerung und das örtliche Gastgewerbe war das allerdings nichts Neues. [...] Tagungsort war die Kirchberger Volksschule, ein architektonisch ziemlich gelungener Neubau an einem Steilhang mit herrlicher Aussicht, nicht weit unterhalb der schönen gotischen St. Wolfgangskirche.
(*Die Presse*, 21. August 1989)

Als das Sagbare gesagt war, zog sich der Philosoph in die Entlegenheit der niederösterreichischen Wechsel-Landschaft zurück und wurde Volksschullehrer. Ein Fiasko, von dem heute einzig der Fremdenverkehr profitiert.
(*Arbeiterzeitung*, 28. April 1989)

Vielleicht haben Sie im Urlaub Zeit, ein wenig zu philosophieren.
(*Bürger- und Gästemagazin Pittental-Hochwechsel*, 1989)

15. Internationales Wittgenstein Symposium

Philosophie der Mathematik

Philosophy of Mathematics

16. bis 23.8.1992

Volksschule Kirchberg

Wissenschaftliche Leitung:
Johannes Czermak, Klaus Puhl

Hauptthemen des Symposiums waren: Ideengeschichte der Mathematik; Workshop zu Michael Dummetts Buch *Frege: Philosophy of Mathematics*; Intuitionismus und konstruktive Mathematik; Hilbertsches Programm und Gödels Sätze; Logizismus; Mathematik, Modalität und Erkennbarkeit; Philosophien der Mathematik.
Ein weiterer Schwerpunkt waren Wittgensteins Überlegungen zu Mathematik und Logik. Kompetente und bedeutende Philosophen wie beispielsweise H. Wang, J. Hintikka, P. Maddy und M. Wrigley haben dazu Beiträge geliefert. Darüber hinaus wurden weitere Themen der Wittgenstein'schen Philosophie (Erkenntnis, Sprache, Geist, *Tractatus*) diskutiert.

Eröffnung des 15. IWS 1992

> Ein kleines Bergdorf im Wechselgebiet erlebt Jahr für Jahr eine merkwürdige Invasion, die den Bewohnern regelmäßig vor Augen führt, auf welch geschichtsträchtigem Boden sie wohnen. Hunderte von Universitätsgelehrten aus der ganzen Welt strömen zusammen, um den bekanntesten Denker des Landes zu feiern.
> (*Wiener Zeitung*, 7. Juni 1991)

16. Internationales Wittgenstein Symposium

Philosophie und die kognitiven Wissenschaften

Philosophy and the Cognitive Sciences

15. bis 22.8.1993

Volksschule Kirchberg

Wissenschaftliche Leitung:
Roberto Casati, Barry Smith, Graham White

Das Symposium widmete sich den Entwicklungen in der Künstlichen Intelligenz Forschung, den Kognitiven Sprachwissenschaften und Wittgensteins Beitrag zur philosophischen Psychologie, aber auch den historischen Wurzeln der Cognitive Sciences in den Arbeiten von Ernst Mach und Franz Brentano.

Die „Mischung" der Teilnehmer, eines der Erfolgsrezepte des IWS in Kirchberg.

17. Internationales Wittgenstein Symposium

Die britische Tradition in der Philosophie des 20. Jahrhunderts

The British Tradition in 20th Century Philosophy

14. bis 21.8.1994

Volksschule Kirchberg

Wissenschaftliche Leitung:
Jaakko Hintikka, Klaus Puhl

Wittgenstein verbrachte die meiste Zeit seines Lebens in Cambridge, wo ihn die britische Philosophie tiefgreifend beeinflusste und von wo aus er eine starke Wirkung auf das moderne Denken ausübte. Eine ansehnliche Menge der präsentierten Beiträge befasste sich mit Wittgensteins Beziehungen zu britischen Philosophen wie Bertrand Russell, G. E. Moore und Frank Ramsey. Ein eigener Schwerpunkt war der Philosophie, Literatur und Kunst der Bloomsbury Gruppe gewidmet.

Diskutiert wird nicht nur im Tagungszentrum – Foto 1994.

Mitte August wird Kirchberg am Wechsel alljährlich für eine Woche zum wichtigsten Ort der Philosophie. Dann treffen sich in dem kleinen niederösterreichischen Ort die bedeutendsten Vertreter der Zunft.
(*Salzburger Nachrichten*, 4. August 1994)

18. Internationales Wittgenstein Symposium

Wittgenstein und die Kulturphilosophie

Wittgenstein and the Philosophy of Culture

13. bis 20.8.1995

Volksschule Kirchberg

Wissenschaftliche Leitung:
Kjell S. Johannessen, Tore Nordenstam

Ziel dieses Symposiums war die Förderung von zwei ziemlich vernachlässigten Bereichen: einerseits Kulturphilosophie im Allgemeinen und andererseits Philosophie der Geisteswissenschaften im Besonderen. Die Faszination mit den Naturwissenschaften und der Technologie, die so typisch für das 20. Jahrhundert war, hat auch deren Philosophen bezaubert. Dies gilt sicherlich für Ludwig Wittgenstein, den angehenden Techniker, der zur Philosophie in der Hoffnung wechselte, dort einen klaren Überblick über jene Aspekte der menschlichen Kultur zu gewinnen, die ihm problematisch erschienen.

Ein „Muss" bei jedem Symposium ist die Buchausstellung — Foto 1995.

19. Internationales Wittgenstein Symposium

Aktuelle Probleme der politischen Philosophie

Current Issues in Political Philosophy

11. bis 18.8.1996

Volksschule Kirchberg

Wissenschaftliche Leitung:
Peter Koller, Klaus Puhl

International renommierte Philosophen aus Amerika, Australien und Europa setzten sich mit aktuellen Themen der Politik aus philosophischer Sicht auseinander: politische Freiheit, gesellschaftliche Gemeinschaft und soziale Gerechtigkeit; Staatsgrenzen, Menschenrechte und internationale Gerechtigkeit; Bürgerrechte, Gleichberechtigung und Demokratie; Nationalismus und Krieg.

Auch die kulinarischen Genüsse kommen nicht zu kurz – Foto 1996.

20. Internationales Wittgenstein Symposium

Die Rolle der Pragmatik in der Gegenwartsphilosophie

The Role of Pragmatics in Contemporary Philosophy

10. bis 16.8.1997

Volksschule Kirchberg

Wissenschaftliche Leitung:
Paul Weingartner, Gerhard Schurz, Georg Dorn

Wie hängen wissenschaftliche Theorien mit praktischen Anwendungsproblemen zusammen? Steht objektive Wissenschaft über allen praktischen Interessen, oder ist sie von solchen bestimmt? Derartige Fragen stehen im Zentrum pragmatischer Philosophie. Das Symposium dokumentierte die bedeutendsten pragmatischen Ansätze der Gegenwartsphilosophie.

1997 wurde die Dauerausstellung *Ludwig Wittgenstein. Wirklichkeit und Mythos*, eine Koproduktion des Landes Niederösterreich, der Gemeinde Kirchberg und der ÖLWG, im Gemeindeamt Kirchberg eröffnet.

Der Bründlmayer, der macht Weine so wie der Wittgenstein geschrieben hat: klar und toll.
(*Kurier*, 24. Juni 1997)
Anmerkung: Prost!

21. Internationales Wittgenstein Symposium

Angewandte Ethik

Applied Ethics

16. bis 22.8.1998

Volksschule Kirchberg

Wissenschaftliche Leitung:
Peter Kampits, Karoly Kokai, Anja Weiberg

Angewandte Ethik zählt gegenwärtig zu den wichtigsten Themen der Philosophie. Die durch den wissenschaftlich-technischen Fortschritt entstandenen neuartigen Fragestellungen reichen von der Ökologie, Ökonomie und Politik bis zur Technik und Medizin. Darüber hinaus haben feministische Fragestellungen ebenso wie neue Forschungsgebiete wie etwa die Genetik viele ethische Implikationen. Anders als die klassisch-traditionelle Ethik stellt sich die angewandte Ethik konkreten Entscheidungsfragen und versucht, die Besonderheiten der jeweiligen moralischen Situation mit einzubeziehen. Damit geht sie weit über Fragen der Legitimationsstrategien und Begründungsprobleme moralischen Handelns hinaus.

Seit 1998 repräsentiert die Gesellschaft ihre „Corporate Identity" mit dem „Logo", gestaltet von Georg Lohmer, und den visuellen Umsetzungen von Sascha Windholz.

22. Internationales Wittgenstein Symposium

Metaphysik im postmetaphysischen Zeitalter

Metaphysics in the Post-Metaphysical Age

15. bis 21.8.1999

Volksschule Kirchberg

Wissenschaftliche Leitung:
Uwe Meixner, Peter Simons

Die Beiträge dieses Symposiums, das den rationalen methodologischen Prinzipien der Analytischen Philosophie verpflichtet war, behandelte folgende Themen: Wittgenstein mit und ohne Metaphysik; Logik, Sprache und Metaphysik; Metaphysik und Modalität; Metaphysik und Wissenschaft; Metaphysik, Epistemologie und Axiologie; Metaphysik des Geistes; Metaphysik und Philosophiegeschichte; Metaphysikkritik.

„Neue Gesichter 1999" – das erste Symposiumsfoto des heutigen Präsidenten der Gesellschaft, Christian Kanzian, hier im Gespräch mit dem Verleger der *Publications of the Austrian Ludwig Wittgenstein Society. New Series* (seit 2006) und dieser Publikation, Rafael Hüntelmann.

23. Internationales Wittgenstein Symposium

Rationalität und Irrationalität

Rationality and Irrationality

13. bis 19.8.2000

Volksschule Kirchberg

Wissenschaftliche Leitung:
Berit Brogaard, Barry Smith

Im Rahmen der Konferenz wurde versucht zu erforschen, welche Rolle die Rationalität in den verschiedenen Bereichen der zeitgenössischen Philosophie spielt und was genau Rationalität eigentlich ist. Dabei wurden folgende Fragen aufgeworfen: Ist Rationalität an spezielle Kontexte gebunden? Ist Rationalität an Sprache gebunden? Ist wissenschaftliche Rationalität die einzige Art von Rationalität? Gibt es so etwas wie eine „westliche" Rationalität? Und: Könnten wir durch Gentechnik Menschen schaffen, die weniger bösartig sind?

2000 gab es in der Gemeinde Kirchberg einen Generationswechsel. Der um das Symposium stets engagierte Bürgermeister Leopold Hecher (Foto 1981) trat nach 25 Jahren im Amt in den wohlverdienten Ruhestand.

Philosoph hält Symposium
Kirchberg — Vom 13. bis 19. August steht Kirchberg im Zeichen von „Rationalität und Irrationalität". Da tagen nämlich zum 23. Mal Philosophen aus aller Welt im Kirchberger Gemeindehaus. Unter anderem nimmt Ludwig Wittgenstein an dem philosophischen Treffen teil.
(*Schwarzataler Bezirksbote*, 16. August 2000)
Anmerkung: Dem Redakteur ist der Titel des Symposiums sichtlich zu Kopfe gestiegen.

24. Internationales Wittgenstein Symposium

Wittgenstein und die Zukunft der Philosophie. Eine Neubewertung nach 50 Jahren

Wittgenstein and the Future of Philosophy: A Reassessment after 50 Years

12. bis 18.8.2001

Volksschule Kirchberg

Wissenschaftliche Leitung:
Rudolf Haller, Klaus Puhl

Das Symposium des Jahres 2001 war ausschließlich dem Themenkreis Ludwig Wittgenstein gewidmet. Fünfzig Jahre nach seinem Tod wurde die Bedeutung und Resonanz seiner Philosophie kritisch überprüft. Die Beiträge versuchten ein neues Licht auf das umfangreiche Werk Wittgensteins zu werfen und neue Richtungen in der Rezeption einzuschlagen.

Ein Pluspunkt für Kirchberg: die herrliche Landschaft.

„Philosophenrummel" hatte es Ludwig Wittgenstein verächtlich genannt und lebenslang gemieden — den akademischen Betrieb und seine Ausleger, wo neben inhaltlicher stets auch soziale Kompetenz neu verhandelt wird. Dass nun jahraus, jahrein eine Konferenz unter seinem Namen tagt, ist eine Ironie, die ferienhungrige Wissenschaftler freilich geflissentlich ignorieren. Ferien! Dazu von dritter Hand organisiert und inhaltlich anspruchsvoll, was kann es Besseres geben? In intelligenter Koketterie mit der Wiener Sommerfrische bietet also Kirchberg am Wechsel, eine kleine Marktgemeinde in Niederösterreich, neben Abgeschiedenheit und Panorama jeden August ein Internationales Wittgenstein-Symposium an. Seit 1974 Sitz der Österreichischen Wittgenstein-Gesellschaft, mauserte sich der kleine Bergort zum Pilger-Eldorado für Wittgenstein-Schüler, philosophische und materielle Nachlassverwalter sowie für Querschläger aus anderen Disziplinen. Längst zählt Kirchberg zu den heiligen Orten österreichischer Identität. Und heuer, in der Woche vom 13. bis zum 18. August, gibt es seit langem wieder Wittgenstein *en totale*: über zweihundert Vortragende an sechs Tagen, in sechs parallel geschalteten Panels zu Person, Werk und Kontext des Einen. Schließlich hat er in diesem Jahr seinen 50. Todestag.
(Aus „Philosophisches Wandern" von Nicole L. Immler, *taz*, 11. August 2001)

25. Internationales Wittgenstein Symposium

Personen.
Ein Interdisziplinärer Dialog

Persons:
An Interdisciplinary Approach

11. bis 17.8.2002

Volksschule Kirchberg

Wissenschaftliche Leitung:
Christian Kanzian, Josef Quitterer, Edmund Runggaldier

Die Aktualität des Themas ergab sich aus den gegenwärtigen und bereits absehbaren Möglichkeiten der Medizin und Genforschung: Was ist das, eine Person? Sind Embryonen Personen? Wann hört eine Person auf zu existieren? Wer darf für sie gegebenenfalls Entscheidungen „über Leben und Tod" treffen? Sind Personen wirklich „frei", oder deuten die Ergebnisse der Gehirnforschung in die Gegenrichtung? Diese Fragen sind nicht nur für Philosophen relevant, und so wurden auch Psychologen, Mediziner und Juristen zu den Vorträgen und Diskussionen eingeladen.

Dauerausstellung „Wittgenstein und Trattenbach"

Wer genau hinsieht, findet an den Orten seiner Tätigkeit in Niederösterreich heute noch einige Spuren. An Volksschulen und Ortseingängen finden sich Erinnerungstafeln. Originell: Ein „Wittgenstein-Weg" ruft dem nachdenklichen Wanderer an besonders schönen Punkten die sieben Hauptthesen des *Tractatus* in Erinnerung. In Trattenbach, genau dort, wo Wittgenstein im Nebengebäude eines Gasthofes einst sein spartanisches Zimmer bewohnte, befindet sich heute ein Wittgenstein-Museum — klein und in einer Stunde gut zu besichtigen (Schlüssel im Gemeindeamt!), aber vom Feinsten: nicht vollgestopft mit Erinnerungsstücken, sondern mit intelligenten Analysen der Epoche, der Region, und eben des Lehrers Wittgenstein, der hier nicht so glücklich werden sollte, wie er es gehofft hatte. Freilich gibt es auch etliche aussagekräftige Exponate — etwa Wittgensteins Bett, das er nach eigenen Plänen in Cambridge anfertigen ließ. Es spiegelt seine Persönlichkeit ebenso wider wie das von ihm geplante Haus: theoretisch korrekt, aber wohl nicht sehr bequem. Im nahen Kirchberg am Wechsel, dem Hauptort der Region, nahe der schönen Barockkirche, befindet sich ebenfalls ein Wittgenstein-Museum. Ein Ausflug ins „Wittgenstein-Land" im südlichen Niederösterreich könnte sich also lohnen.

(Aus dem Artikel „Wo Wittgenstein die Dampfmaschine reparierte" von Winfried Löffler, *Uni-Zeitung* [Beilage zur *Tiroler Tageszeitun*], Herbst 2002)

26. Internationales Wittgenstein Symposium

Wissen und Glauben

Knowledge and Belief

3. bis 9.8.2003

Volksschule Kirchberg

Wissenschaftliche Leitung:
Winfried Löffler, Paul Weingartner

Das Symposium war *Wissen und Glauben* gewidmet und betraf dabei nicht nur die (seit den 1960er Jahren virulenten) erkenntnistheoretischen Fragen um die Definition von „Wissen" und die religionsphilosophische Frage nach der Natur religiöser Überzeugungen. Besonderes Augenmerk galt der Rolle von Glaubensannahmen und unausgesprochenen Hintergrundüberzeugungen in der Wissenschaft, speziell in der physikalischen Kosmologie und der Evolutionstheorie, wo die Abgrenzung zwischen wissenschaftlicher Hypothese und weltanschaulicher Spekulation auch breite öffentliche Aufmerksamkeit findet. Ein Spezialworkshop (organisiert von L. Bovens und St. Hartmann) widmete sich „Bayesianischen" Ansätzen der Erkenntnistheorie, die Überzeugungsbildung und -revision wahrscheinlichkeitstheoretisch modellieren und dabei auch den subjektiven Anfangseinschätzungen der Beurteiler einen plausiblen Platz einräumen, ohne dem wissenschaftstheoretischen Relativismus zu verfallen.

Das Symposium und Kirchberg als Ort der Begegnung von Menschen und ihren Kulturen – iranische Symposiumsteilnehmerin vor dem Hochaltar der Wolfgangskirche.

27. Internationales Wittgenstein Symposium

Erfahrung und Analyse

Experience and Analysis

8. bis 14.8.2004

Volksschule Kirchberg

Wissenschaftliche Leitung:
Johann Christian Marek, Maria Elisabeth Reicher

Zwei große Strömungen innerhalb der Philosophie des 20. Jahrhunderts werden oft durch ihre unterschiedlichen methodischen Zugänge charakterisiert: *Analytische Philosophie* als Analyse der Sprache, *Phänomenologie* als Analyse psychischer Phänomene. Dabei handelt es sich freilich nicht um einander ausschließende Gegensätze, sondern eher um zwei Pole, zwischen denen zahlreiche „Mischformen" Platz haben. Das Generalthema sollte dazu einladen, die Beziehungen zwischen diesen beiden Polen auszuloten: einerseits in Form historischer und metaphilosophischer Beiträge, andererseits in Abhandlungen, die zeigen, dass Sprachanalyse und Analyse der Erfahrung sich ergänzen können und sollen.
Sektionen: Wittgenstein; Analytische Philosophie und Phänomenologie: Ursprünge, Wechselwirkungen, Kritik; Intentionalität und Bewusstsein; Intentionalität, Referenz und Bedeutung; Theorien der Wahrnehmung; Werterfahrung und Werturteil. Abgerundet wurde das Symposium durch einen Workshop über Gestalttheorie.

Mittlerweile ein fester Bestandteil des Rahmenprogramms des Symposiums ist die „Wallfahrt" zur Ausstellung „Wittgenstein und Trattenbach" mit einem anschließenden stimmungsvollen Umtrunk im Garten des Schachnerstüberls in Trattenbach.
Bei dieser Gelegenheit wurde 2004 die „Wittgensteinlandschaft" (bestehend aus den Gemeinden Kirchberg, Otterthal und Trattenbach) vorgestellt.

28. Internationales Wittgenstein Symposium

Zeit und Geschichte

Time and History

7. bis 13.8.2005

Hauptschule Kirchberg

Wissenschaftliche Leitung:
Friedrich Stadler, Michael Stöltzner

Das Symposium *Zeit und Geschichte* thematisierte den Zeitbegriff aus verschiedenen disziplinären und transdisziplinären Perspektiven. Die diskutierten Fragen umfassten dabei unter anderem die Allgemeine Relativitätstheorie und Kosmologie, die Linguistik zeitlicher Begriffe, die physikalische Basis des Zeitpfeils oder die Rolle von Zeit in den Sozial- und Kulturwissenschaften.
Das Symposium gliederte sich in sechs Sektionen und zwei Workshops: 1. Wittgenstein; 2. Philosophie der Zeit; 3. Zeit und Geschichte; 4. Zeit und Naturwissenschaften; 5. Zeit in den Sozial- und Kulturwissenschaften; 6. Temporale Logik. Die Workshops behandelten: Zeitpfeil, Chaos und Entropie sowie Albert Einstein und Moritz Schlick über Raum und Zeit.

Im Sommer 2005 wurde die Volksschule umgebaut. Deshalb wurde das Symposium ausnahmsweise in der Hauptschule abgehalten.

Als öffentliche Abendveranstaltung wurde das Buch *Ludwig Wittgenstein. Ein Volksschullehrer in Niederösterreich* von Elisabeth Leinfellner und Sascha Windholz vorgestellt. Dies war eine Gelegenheit, die Bürgermeister der „Wittgensteinlandschaft", Karl Mayerhofer (Otterthal), Ernst Schabauer (Trattenbach) und Willibald Fuchs (Kirchberg), zu einem Gespräch einzuladen.

29. Internationales Wittgenstein Symposium

Kulturen:
Streit — Analyse — Dialog

Cultures:
Conflicts — Analysis — Dialogue

6. bis 12.8.2006
Volksschule Kirchberg

Wissenschaftliche Leitung:
Georg Gasser, Christian Kanzian, Edmund Runggaldier

Die lebensnotwendige Bedeutung von Dialog und Dialogfähigkeit, gerade auch zwischen unterschiedlichen Kulturen, zeigt sich heute jeden Tag aufs Neue. „Wie kommen wir vom Konflikt wieder zum Dialog?", mit dieser Frage sprach Christian Kanzian in seinem Begrüßungswort dieses drängende Problem an. Die Aufgabe des Symposiums sah er dabei nicht allein darin, über Dialog zu sprechen, sondern vor allem darin, den Dialog auch zu führen. Diese ganz praktische Übung wurde dann auch vorbildlich gepflegt. Die Beiträge spiegelten dabei die unterschiedlichsten Meinungen, Haltungen und Weltanschauungen wider.

Die ÖLWG hat auch keine Scheu vor schwierigen Themen – Kirchberg: ein Ort des offenen Diskurses.

30. Internationales Wittgenstein Symposium

Philosophie der Informationsgesellschaft

Philosophy of the Information Society

5. bis 11.8.2007

Volksschule Kirchberg

Wissenschaftliche Leitung:
Alois Pichler, Herbert Hrachovec

E-Mail, Chats, virtuelle Gemeinschaften, interaktive Texterstellung, multimediale Präsentationen — ganz allgemein: die neuen Informations- und Kommunikationstechnologien — sind in der traditionellen Philosophie noch wenig erforschte Formen des Ausdrucks und der Berufsausübung. Die Wissensgesellschaft basiert auf digitalen Techniken, die auch eine Umgestaltung des Instrumentariums der Wissensarbeit implizieren. Betroffen sind unter anderen die elementaren Vermittlungsformen der Geisteswissenschaften. Ausgehend von einer Reflexion auf die Rolle, welche Wittgenstein und die Wittgensteinforschung in diesem neuen Kontext spielen und spielen können, wird die „Philosophie der Informationsgesellschaft" in sechs Hauptsektionen, einem Workshop und einer Podiumsdiskussion behandelt.

Oben 1976 bei der Eröffnung der Wittgenstein-Tage, unten 2006 nach der Podiumsdiskussion. Auch weiterhin wollen die Kirchberger Musikanten für die Konferenzteilnehmer aufspielen.

The International Wittgenstein Symposium is unique as a forum that brings together with annual regularity philosophers from across the world. Its value to the profession — and to the many individuals that constitute it — is so great that if the institution did not exist, we would have to (re-)invent it.
Nicholas Rescher, Universität Pittsburgh
(Siehe auch „Zur Person", Seite 183)

Begegnungen und Begebenheiten

Kirchberg ist anders.
Von Freud und Leid des Organisators und vom vielfachen Segen der *stabilitas loci* in der Philosophie

Winfried Löffler

> Bring den Menschen in die unrichtige Atmosphäre
> und nichts wird funktionieren, wie es soll.
> (Wittgenstein, *Vermischte Bemerkungen*, 1942)

Der Vergleich mag despektierlich sein, aber philosophische Großkongresse zeigen aus Teilnehmersicht unter anderem auch gewisse Ähnlichkeiten mit Wanderzirkussen und Konzerttourneen: Einen Gutteil der Leute, die man dort trifft, kennt man von irgendwoher, einen Teil des Reizes an der ganzen Sache macht (vor allem für jüngere TeilnehmerInnen) der Besuch einer bislang unbekannten Stadt aus, und ein wesentlicher Aspekt der Neugier richtet sich darauf, wie die local organizers (meist die Belegschaft eines örtlichen Philosophieinstituts) das Kunststück des ihnen zugefallenen Großereignisses meistern werden — „möge die Übung gelingen!" Meist ist das auch der Fall. Aber da zur Ausbildung von PhilosophInnen nicht unbedingt auch die Bewältigung komplexer logistischer Leistungen gehört, da sich weit auseinander liegende Hörsäle in verwinkelten Gebäuden, überlastete Uni-Kantinen, verspätete Druckereiauslieferungen und nicht zuletzt der Irrglaube an ideal rationale Individuen oft als überraschende, aber fatale Hemmnisse herausstellen können, ist dies eben nicht immer und in jeder Einzelheit der Fall. Und so verfügen versierte KongressbesucherInnen in der Regel über einen reichen Schatz an Erzählungen („Weißt Du noch, damals in ...") über Warteschlangen, Odysseen durch Korridore, durch Vorverlegung versäumte Vorträge, Hungerstillungen durch herbeitelefonierte Pizzas aus dem Karton und dergleichen mehr. Ähnliches gilt für die local organizers selbst. Wer einmal ein solches Großereignis am Ort hatte, wer nicht nur einen Zeitplan ersinnen, sondern sich auch von Flugtickets über Kaffeebons bis zu durchbrennenden Projektorlampen und im letzten Moment zu kopierenden Handouts um allerlei Unwägbarkeiten im Leben seiner Gäste kümmern musste, dem eröffnet sich ein vertiefter Blick in die conditio humana, der sich auf Jahre hinaus anekdotisch niederzuschlagen pflegt. Von den vorgängigen Bemühungen um adäquate Finanzierung und dem nachgängigen Bewältigen der Kongresspublikation — eine notorisch unterschätzte literarische Gattung übrigens! — soll hier gar nicht gesprochen werden. (Über all dem soll natürlich nicht verschwiegen werden, dass die Organisation solcher Veranstaltungen eine ganze Fülle an wertvollen wissenschaftlichen Kontakten, Erkenntnisgewinnen und menschlichen Begegnungen mit sich bringt, die unterm Strich allemal eine lohnende Gesamtbilanz ergeben.)

Kirchberg ist anders. Nicht, dass hier gar nie etwas ein ganz klein wenig schief ginge, und erst recht nicht, dass sich das Organisieren eines Kirchberger Symposiums nicht unterm Strich als vielfache fachliche und menschliche Bereicherung herausstellen würde. Nein, Kirchberg ist in vielen anderen Hinsichten anders, und erfreulich anders. Kein Wanderzirkus von Großstadt zu Großstadt, man trifft sich in einem versteckten Dorf im Gebirge, immer im selben, in den ewig gleichen Gaststuben, freut sich oft sogar auf sein Stamm-Zimmer seit Jahren und die seit Jahren ähnlichen Eierschwammerln. Mit den Wittgenstein Symposien wurde offenbar über die Jahre ein Image, geradezu eine Marke aufgebaut, die viele die nicht unbeschwerliche Reise ins südliche Niederösterreich auf sich nehmen lässt. Den Segen dieser ungewöhnlichen *stabilitas loci* spürt vermutlich nicht nur die lokale Gastronomie, man spürt ihn vor allem als wissenschaftlicher Organisator. Die Kirchberger Symposien funktionieren nämlich unter anderem deshalb so gut, weil die Agenden in einer glücklichen Weise aufgeteilt sind: das Vereinspräsidium bestimmt für das jeweils nächstfolgende Jahr die (jeweils wechselnden) wissenschaftlichen Organisatoren, die ihrer Arbeit irgendwo in der Welt nachgehen, während die administrative Organisation dem Kongressbüro vor Ort obliegt. Als wissenschaftlicher Organisator hat man in Kirchberg also das seltene Privileg, sich auf eine jahrelang eingespielte Gruppe mit einer versierten Chefin im Büro der ÖLWG verlassen zu können, der man fast jegliches organisatorische Problem vertrauensvoll in die Hand legen kann. So wird man für die Kerngeschäfte der wissenschaftlichen Leitung freigespielt, als da wären: die Auswahl von Themen und Unterthemen, die Suche nach kompetenten SprecherInnen und die

Herstellung der Kontakte zu ihnen, die Feinabstimmung der Themen und die Gestaltung des Programms, die persönliche Verfügbarkeit für Fachgespräche und die Betreuung der Kongresspublikationen. Arbeit genug also, und auch Arbeit, auf die PhilosophInnen durchschnittlich besser vorbereitet sind. Natürlich ist man als wissenschaftlicher Organisator mitunter auch Anlaufstelle für organisatorische und schlicht menschliche Wünsche (und warum auch nicht – eigentlich ist das doch schön!): Ein Zimmer für jenen älteren Vortragenden bitte im Erdgeschoß, ein Theaterprogramm für Wien hier, ein Problem mit dem Beamer dort, usw. usf. — aber wer loslassen kann und auf die freundlichen Leute im Büro vertraut, der ist solche Sorgen schnell los und hat das gute Gefühl, anderen kompetente (und obendrein freundliche) Hilfe vermittelt zu haben. An dieser Stelle seien auch noch etliche andere Personen in und um Kirchberg erwähnt, deren Beiträge zum Gelingen der Symposien so reibungslos eingespielt sind, dass sie nicht einmal jedem wissenschaftlichen Organisator auffallen dürften: Die Marktgemeinde Kirchberg mit ihrem Bürgermeister und seinen Bediensteten, die Gebäude und Zugänge in Schuss halten, die jungen Leute in Cafeteria und Kongressbüro, die lokalen Taxiunternehmen, die auf Philosophen und branchentypische Schrulligkeiten bestens eingestellten Gastronomen, unsere Gastgeber bei den Exkursionen nach Trattenbach, die kompetenten Layouter und Korrektoren unserer Druckerzeugnisse, den Webmaster und andere — wahrscheinlich habe ich jetzt selber schon einige übersehen.

Kirchberg ist auch noch in einem weiteren Punkt anders. Als wissenschaftlicher Organisator ist man der elementaren, leidigen und ansonsten omnipräsenten Sorge um das Geld — zumindest einnahmenseitig — weitgehend entbunden. Freilich, nur ein gut durchdachtes Programm findet auch zahlende Teilnehmer und ausgabenseitig sind die Gebote der Sparsamkeit und Zweckmäßigkeit immer mitzudenken, aber dank der Unterstützung seitens Bund, Land, Gemeinde und privater Sponsoren ist man als Organisator in der Lage, eine ansehnliche Zahl von Sprechern auch ohne sofortigen ängstlichen Blick auf ihre voraussichtlichen Reisekosten einzuladen. Solche Unterstützung fließt über die Jahre hinweg nicht von allein — Präsidenten, Generalsekretäre und wissenschaftliche Beiräte haben es offenbar geschafft, die Sinnhaftigkeit und gesamtgesellschaftliche Nützlichkeit unserer Symposien erfolgreich nach außen zu vermitteln. An dieser Stelle sei übrigens noch vermerkt, dass die ÖLWG — anders als sonst üblich — ihren Symposiumssprechern keinerlei Honorare bezahlt. In Kirchberg spricht man wegen der Ehre, und wegen der Atmosphäre. Kirchberg ist eben anders.

Organisatorische Hintergrundarbeit wird aus einem simplen Grund notorisch unterschätzt: Ihre Existenz fällt den meisten erst dort und am deutlichsten auf, wo sie nicht funktioniert: „Die für uns wichtigsten Aspekte der Dinge sind durch ihre Einfachheit und Alltäglichkeit verborgen. (Man kann es nicht bemerken, – weil man es immer vor Augen hat.)" (*Philosophische Untersuchungen* I, 129).
Ich weiß schon, Wittgenstein meinte damit etwas anderes (etwa die Voraussetzungen von Sprachspielen), aber seine Einsicht passt durchaus auch auf die alltäglichen, aber wichtigen Kleinigkeiten eines Symposiums: Die Mikrophonanlage (und die nötige technische Obsorge um sie) etwa bemerkt man erst, wenn es einmal Rückkopplungen und Aussetzer gibt, und der Mühe des konzentrierten Einsortierens von 250 Kongressmappen wird sich am ehesten derjenige bewusst, dem doch einmal etwas fehlt (was in Kirchberg kaum denkbar ist). Zur notorischen Unterschätzung gesellt sich dann, ähnlich wie bei der Hausarbeit, der Müllabfuhr und dem Wasserwerk, mitunter auch noch der Undank. So freue ich mich besonders, mit diesen kurzen Zeilen einmal all jenen auch schriftlich danken zu können, deren vielfältige Leistungen zum Gelingen unserer Symposien kaum jemandem wirklich bewusst sind. Es mag nicht allen bewusst sein, aber selbstverständlich ist all das nicht.

Univ.-Prof. DDr. Winfried Löffler, Universität Innsbruck, geb. 1965, organisierte gemeinsam mit Paul Weingartner das 26. Internationale Wittgenstein Symposium 2003.

Wer schon dort war, weiß auch warum.

Benedikt Schick (Symposiumsteilnehmer)

Man hat so seine Erwartungen, wenn man zum ersten Mal nach Kirchberg fährt, um am Wittgenstein Symposium teilzunehmen. Man hat schon gehört von Plenarsitzungen in einer Turnhalle und von Workshops in Klassenzimmern. Man hat sich berichten lassen, dass auch die „Big Names" der zeitgenössischen Philosophie in Kirchberg wieder zu „Volksschülern" werden und artig auf den kleinen Schulstühlen Platz nehmen. Man hat auch den Rat befolgt, doch ja auch wandertaugliche Schuhe mitzunehmen, die Landschaft sei wirklich traumhaft und wer könne schon alle der über 150 Vorträge anhören. Kein Zweifel, Kirchberg eilt ein besonderer Ruf voraus. Wer schon dort war, weiß auch warum. Der erste Eindruck, dass das Kirchberger Wittgenstein Symposium ein Exot unter den Philosophie-Kongressen ist, dieser Eindruck verflüchtigt sich auch nach mehrjährigen Teilnahmen nicht. Aber was macht diese Besonderheit eigentlich aus? Sicher, den Organisatoren gelingt es jedes Jahr, einige Berühmtheiten nach Kirchberg zu holen, aber das ist auch andernorts der Fall und wer ausschließlich an den hochkarätigen Vorträgen interessiert ist, muss sicher nicht die unter Umständen etwas beschwerliche Anreise an den Wechsel auf sich nehmen. Dazu ist das einschlägige Angebot in größeren Städten einfach zu groß. Auch der besondere Schwerpunkt, der in Kirchberg mit der Person und Philosophie Ludwig Wittgensteins gegeben ist, scheint nicht unbedingt der entscheidende Grund für die einzigartige Atmosphäre der Symposien zu sein. Zwar finden sich jedes Jahr auch Wittgenstein-Experten in Kirchberg ein, und wer will, der kann anhand ihrer Diskussionen einen Einblick in so manches Spezialproblem innerhalb der Wittgenstein-Forschung gewinnen, des Weiteren hat auch ein Ausflug nach Trattenbach zur dortigen Dauerausstellung „Wittgenstein und Trattenbach" sicherlich seinen Charme, dennoch liegt der Schwerpunkt der Kirchberger Symposien für die Mehrzahl der Teilnehmer doch eher auf dem jeweiligen Tagungsthema denn auf Wittgenstein. Worin liegt dann aber das Besondere, das diese Symposien so unverwechselbar macht? Mir scheint, jedem Teilnehmer fällt auf, wie eng die Internationalen Wittgenstein Symposien mit dem Ort

Georg Henrik von Wright (1916–2003), einer der drei Verwalter der philosophischen Hinterlassenschaft Wittgensteins, als Vortragender am Symposium 1977.

Kirchberg und seiner Bevölkerung verbunden sind. Im Gegensatz zu anderen Symposien, wo die jeweilige Lokalität nur einen mehr oder weniger austauschbaren Rahmen für den wissenschaftlichen Dialog abgibt, ist es im Fall des Wittgenstein Symposiums völlig undenkbar, dass es irgendwo anders als in Kirchberg stattfinden könnte. Der Grund dafür sind einerseits die vielen vertrauten Orte, mehr aber noch die damit verbundenen Gesichter und Personen. Einige Teilnehmer berichten, dass sie schon seit Jahren bei derselben Gastfamilie untergebracht sind. Manche Kollegen, die man sonst womöglich aus den Augen verloren hätte, trifft man einmal im Jahr, und das hier, etwa bei der „informellen" Begrüßungsrunde bei der 1000jährigen Linde. Das auf die Region abgestimmte Rahmenprogramm des Symposiums gibt darüber hinaus reichlich Gelegenheit, neue Bekanntschaften zu machen und zukünftige Projekte zu planen, zum Beispiel bei einer Weinprobe mit Weinen aus der Thermenregion oder bei einer Führung durch die Wolfgangskirche.

Insgesamt lässt sich sagen, dass die Internationalen Wittgenstein Symposien in Kirchberg zeigen, dass eine familiäre Atmosphäre und konstruktive, sachlich durchaus hart geführte wissenschaftliche Auseinandersetzung in keinem Widerspruch zueinander stehen müssen.

Als Camperin am Symposium

Julia Stabentheiner (Symposiumsteilnehmerin)

Schon als wir nach einigem Hin- und Her- und Umsteigen ankommen, regnet und windet es. Deshalb ist es gar nicht so einfach, das Zelt aufzustellen, hier auf dem Sportplatz von Kirchberg. Es scheint auch, dass wir drei Innsbrucker Studentinnen die einzigen sind, die dieses Wagnis eingehen wollen. Später werden sich noch zwei junge Dänen zu uns gesellen. Als diese Hürde genommen ist, stellt sich die nächste Herausforderung: Wie bringt man sich selber in einen kongresstauglichen, halbwegs ansehnlichen Zustand, wenn der Umkleideraum ein windschiefes Zelt und das Badezimmer das örtliche Schwimmbad ist? Das Schwimmbad wirbt damit, solarbetrieben zu sein. Ich habe den Verdacht, dass das bedeutet: Wenn die Sonne scheint, erwärmt sie das Schwimmbecken. Das Wasser, das aus der Dusche kommt, ist jedenfalls erfrischend kühl. Aber zumindest lockt das Wetter keine Badegäste an, und so stört sich niemand daran, dass wir dort morgens Kaffee brühen. Und die Kleidervorschriften sind Gott sei Dank auch nicht so streng, auf diesem 25. Internationalen Wittgenstein Symposium. Dabei geht es natürlich weder um Zelte noch um Schwimmbäder, sondern um einen interdisziplinären Dialog über den Personenbegriff. In der Volksschule von Kirchberg tummeln sich Philosophinnen, Mediziner und Psychologinnen, Juristinnen und eifrige Studenten. Vorträge und Workshops in Hülle und Fülle, selbst die Pausen werden zum heftigen Weiterdiskutieren genützt. Wie ein riesiger Bienenstock unermüdlich surrender Gehirne. Sind alle Menschen Personen? Etwa aufgrund ihrer Gene? Weil Menschen intelligenter als andere Lebewesen sind oder weil sie Selbstbewusstsein haben? Wie aussagekräftig ist ein EEG, wann ist ein Mensch nicht mehr leidensfähig und wo ist überhaupt der „Sitz des Ich" im Gehirn? Ist der Grund dafür, dass wir Personen sind, überhaupt etwas Messbares? Oder haben wir doch eine Seele?
Und während Europa von Überschwemmungen heimgesucht wird, ist Kirchberg erfüllt von schier unlösbaren metaphysischen, ethischen, juristischen und medizinischen Fragen, von heißen Disputen kluger Köpfe und versöhnlichem Anstoßen abends in der Gaststube — oder unter dem Regendach des Schwimmbads.

„Wie bringt man sich selber in einen kongresstauglichen, halbwegs ansehnlichen Zustand, wenn der Umkleideraum ein windschiefes Zelt und das Badezimmer das örtliche Schwimmbad ist?"

Erster Kontakt mit den Wittgensteinern*

Margret A. Kronaus (Büroleiterin der ÖLWG)

Meine ersten Berührungspunkte mit dem Symposium hatte ich, als meine Großeltern einer Dame aus Graz, welche jahrelang am Symposium teilnahm, die Zimmer vermieteten. Sie hatte einen kleinen Sohn, der damals im gleichen Alter wie ich war. Besonderen Spaß hatte ich natürlich, da ich mit ihm spielen konnte. Dies waren meine ersten Begegnungen mit den „Wittgensteinern".

So werden die Symposiumsgäste von den Kirchbergern gerne bezeichnet.

Bleibende Freundschaften

Wilfried Ehrenhöfer (Taxi-Unternehmer in Kirchberg)

Zuerst möchte ich der Österreichischen Ludwig Wittgenstein Gesellschaft (ÖLWG) gratulieren und für die gute Zusammenarbeit danken. Für unseren Taxibetrieb ist dieses Symposium zu einem wichtigen Faktor geworden. Ist es bei uns auf dem Land ein Luxus, ein Taxi zu benützen, so ist es in dieser Woche eine Selbstverständlichkeit. Willkommen ist mir diese Zeit auch, um meine Englischkenntnisse aufzufrischen, Neues dazu zu lernen und auch eine andere Welt, als sie bei uns ist, zu erfahren.
Durchwegs gute Erfahrungen gibt es immer wieder mit den Teilnehmern, mit denen man allerhand erleben kann und mit denen wir, speziell mein Sohn, sogar während des Jahres in Kontakt sind.
Das schönste Erlebnis war vor mehr als 20 Jahren, als spanische Kongressteilnehmer in Kirchberg geheiratet haben. Auf der Suche nach einem Trauzeugen sagte ich dem Standesbeamten zu. Als kleine Überraschung ließ ich von einer Klosterschwester eine kurze Anrede auf Spanisch schreiben und ein ebenfalls spanisches Marienlied mehrstimmig, von Klosterschwestern gesungen, auf Tonband aufnehmen, um sie bei der Trauung darzubieten. Meine Frau war Trauzeugin und der Standesbeamte hatte alles perfekt gemacht — die spanisch gehaltene Anrede und das Tonband abgespielt — die Überraschung war gelungen. Bei einer Jause mit allen bei uns zu Hause feierten wir bis zum Abend. Seither verbindet uns eine gute Freundschaft. Wir schreiben uns regelmäßig, und vor drei Jahren folgten wir endlich ihrer Einladung, nach Madrid zu kommen, wo wir uns über einen überaus herzlichen Empfang freuten. Jetzt waren sie schon zu dritt. Eine hübsche Tochter wuchs inzwischen heran. Sie lernt Deutsch und will auch einmal nach Kirchberg kommen.
Was die „Wittgensteiner" — wie die Kongressteilnehmer oft in der Region genannt werden — gemeinsam haben: sie sind von unserer Landschaft sehr beeindruckt.
Für die weiteren Jahre wünsche ich dem Symposium gute Fortschritte und Ideen, die zu einem guten Gelingen des Miteinander beitragen.

„Meine Frau war Trauzeugin und der Standesbeamte hatte alles perfekt gemacht [...]."
Der Standesbeamte, Maria Luisa Marquina, Mariano Hermida und Aloisia Ehrenhöfer, am 26. August 1985, bei der Trauung im alten Standesamt von Kirchberg (Foto oben).

2004 beim Besuch der Ehrenhöfers in Madrid: „Jetzt waren sie schon zu dritt. Eine hübsche Tochter wuchs inzwischen heran. Sie lernt Deutsch und will auch einmal nach Kirchberg kommen."
Isabel Hermida Marquina (Mitte) mit ihren Eltern (Foto rechts).

Treffen wir uns bei der Linde!

Renate Hennrich (Wirtin des Gasthauses „Zur 1000-jährigen Linde")

Der „1000-jährige" Lindenbaum, eines der markantesten Wahrzeichen von Kirchberg am Wechsel, verdankt seine Pflanzung wohl dem Umstand, dass Linden als slawische Kultbäume galten. Ihr Zweck war der einer Tanzlinde: Auf den weit ausladenden unteren Ästen (bis vor einigen Jahren waren es noch zwei mehr als heute) spielten auf einer Plattform die Musikanten auf, und darunter drehten sich die Tanzpaare.
Im Laufe ihres Lebens hat die „1000-jährige Linde" die unterschiedlichsten Völker und Menschen vorbeiziehen und verweilen sehen — man könnte beinahe sagen: Die ganze Welt war bei ihr zu Gast! Und ganz besonders trifft das auch für die letzten Jahrzehnte zu.

Die Wirtin und der Philosoph: Renate Hennrich und Werner Leinfellner unter der „Linde" im Jahr 2000.

Zunächst begann nach den Slawen diese regelrechte Völkerwanderung, vorbei an der Linde, vor etwa 900 Jahren mit den Bayern, die mit ihrem massiven Eindringen die Besiedelung dieser Gegend vorantrieben.

Bereits vor etwa 600 Jahren stand dann nachweislich ein Haus unmittelbar neben dem Lindenbaum. Ende des 15. Jahrhunderts ging es dann kriegerischer zu: Die Ungarn wollten ihre Grenze weiter nach Westen ausdehnen. In den Jahren 1529 und 1683 statteten marodierende Türkenhorden der damals sicher auch schon sehr stattlichen Linde einen Besuch ab. Die Nächsten waren die Franzosen, gleich zweimal am Beginn des 19. Jahrhunderts. Im 20. Jahrhundert lösten dann die Kämpfer des Geistes die martialischen ab.

So war die Überraschung bei den ersten Symposien groß, dass sich so viele Wissenschafter aus so unterschiedlichen Ländern tatsächlich in Kirchberg einfanden. Damit drang eine andere Welt in das Tal ein, äußerlich geprägt durch geschäftig ausschreitende Damen und Herren mit Aktentaschen und Skripten, mit einem Namensschild an der Brust – also typische „Wittgensteiner". Von Anfang an war „die Linde" beliebter Treffpunkt, nicht nur wegen des Kulinarischen, sondern auch wegen der Atmosphäre, die das Weiterdiskutieren, Weiterdenken und Weitersinnieren fördert – vor allem am Anfang auch oft mit Einheimischen, wobei wissenschaftliche Diktion in Alltagssprache transformiert wurde (Wittgenstein hätte wohl seine Freude daran gehabt). Ein richtig familiäres Klima entstand, besonders unterstützt durch die „Gründerfamilien" des Symposiums, Lore und Adolf Hübner sowie Elisabeth und Werner Leinfellner. Persönliche Bekanntschaften wurden geschlossen und unter der Linde begossen, manch einen Teilnehmer verschlug es sogar auf Monate und Jahre nach Kirchberg. Und die Erinnerungsfotos von Symposiumsteilnehmern, aufgenommen unter diesem mächtigen Naturdenkmal, gehören für viele selbstverständlich dazu – hoffentlich noch lange.

Inzwischen zählt man das 30. Symposium — genau in dem Jahr, in dem das „Gasthaus zur 1000-jährigen Linde" 300 Jahre lang im Besitz der immer gleichen Familie Donhauser-Hennrich ist. Wenn das nicht ein weiterer Beweis für die Verbundenheit des Baumes mit historisch denkwürdigen Ereignissen ist!

Es gibt viele philosophische Gesellschaften, aber keine ist wie diese: Keine bietet Jahr für Jahr das atemberaubende Alpenpanorama durch die große Glaswand einer Schulturnhalle, die Vortragenden aus aller Welt sehen nur ihr Publikum, das Publikum neben dem Vortragenden die Wolken, wie sie über die Bergrücken ziehen. Keine bietet Unterkünfte wie diese: In großer Zahl und Vielfalt, im Gästezimmer der örtlichen Honoratioren bis zum Gästehaus im nahen, aber von Kirchberg so verschiedenen Trattenbach. Keine entspricht so vollkommen der Vielschichtigkeit ihres philosophischen Patrons, der sich in diesen Alpentälern der kleinen Buben aus meist ärmlichen Familien als Volksschullehrer angenommen hatte, der als Erbe eines großen Vermögens Jahre unter kärglichsten Bedingungen zubrachte. Seine Abwendung von der Philosophie war nur vorübergehend, so wie die Zuwendung mancher Teilnehmer des jährlichen Ludwig Wittgenstein Symposiums. Die meisten aber sind professionelle Philosophinnen und Philosophen, darunter viele jüngere und aus allen Ländern der Welt. Dreißig Jahre wird diese Institution nun alt und ich kann sagen, ich bin — fast — von Anfang an dabei gewesen und ich habe hier mehr gelernt, als auf allen anderen Kongressen, die ich in dieser langen Zeit besucht habe.
Julian Nida-Rümelin, Universität München
(Siehe auch „Zur Person", Seite 182)

Publikationen der ÖLWG

Die Veröffentlichungen der ÖLWG

(1) *Schriftenreihe der Wittgenstein Gesellschaft*
Bis 2005 bei Hölder-Pichler-Tempsky (HPT), beziehungsweise Österreichischer Bundesverlag und Hölder-Pichler Tempsky (öbv&hpt), Wien, Österreich. Sie besteht aus 33 Bänden, darunter zum Beispiel auch eine Neu-Ausgabe von Wittgensteins *Wörterbuch für Volksschulen*. Diese Bände sind, mit wenigen Ausnahmen, beim Verlag öbv&hpt vergriffen; manche können aber noch während der Symposien zu einem stark verbilligten Preis erworben werden.
Ab 2006 als *Publications of the Austrian Ludwig Wittgenstein Society, New Series*, bei Ontos Verlag, Heusenstamm bei Frankfurt (internationaler Vertrieb).
2005 schrieb Professor Cameron McEwen, ein Mitarbeiter von InteLex, das eine Wittgenstein-Plattform betreibt: „[...] InteLex is digitizing the *Schriftenreihe* from the Austrian Ludwig Wittgenstein Society with the proceedings of the International Wittgenstein Symposia in Kirchberg. The series features original contributions from some of the foremost philosophers of the last quarter century."

(2) Ab 1986: *Berichte der Österreichischen Ludwig Wittgenstein Gesellschaft / Reports of the Austrian Ludwig Wittgenstein Society*; zunächst erschienen im Rahmen der Schriftenreihe bei Hölder-Pichler-Tempsky; nunmehr zeichnet die Wittgenstein Gesellschaft als Verleger. Die Reihe heißt jetzt „*Beiträge der Österreichischen Ludwig Wittgenstein Gesellschaft / Contributions of the Austrian Ludwig Wittgenstein Society*".
Die Trennung in *Akten / Proceedings* einerseits und *Berichte / Reports*, bzw. *Beiträge / Contributions* andererseits ergab sich aus verlegerischen, hauptsächlich finanziellen Gründen. Bis 1985 wurden alle Vorträge, eingeladene und beigetragene, in die Aktenbände aufgenommen, soferne sie wissenschaftlichen Standards entsprachen. Spätere Aktenbände enthalten die eingeladenen und ausgewählte beigetragene Vorträge. Alle übrigen Vorträge erscheinen ab 1986 vor den Konferenzen in den *Berichten / Reports*, jetzt: *Beiträge / Contributions*.

(3) Sämtliche Kurzfassungs(Abstracts)-Bände der Symposien und die Programmhefte.

(4) Verschiedene Broschüren, zum Beispiel eine Schrift zum 25. Todestag Wittgensteins, eine zu William Warren Bartleys Wittgenstein-Biographie, eine zum 20. und eine zum 25. Symposium.

Schriftenreihe der Wittgenstein Gesellschaft (SWG)

SWG Band 1
LUDWIG WITTGENSTEIN, WÖRTERBUCH FÜR VOLKSSCHULEN
Hrsg. A. Hübner, W. u. E. Leinfellner
(Faksimile der Ausgabe von 1926) Wien 1977, XXXVI+44 Seiten
ISBN 3-209-00191-X
Ludwig Wittgenstein hat zu seinen Lebzeiten nur zwei schmale Bändchen
veröffentlicht. Sein *Tractatus logico-philosophicus* war bereits erschienen,
als er sein *Wörterbuch für Volksschulen* herausbrachte.
Dieser seltsame Kontrast der Arbeiten war keineswegs durch äußere Umstände
erzwungen, sondern ist Ausdruck von Wittgensteins außergewöhnlicher
Persönlichkeit.

SWG Band 2
WITTGENSTEIN UND SEIN EINFLUSS AUF DIE GEGENWÄRTIGE PHILOSOPHIE
Akten des 2. Internationalen Wittgenstein Symposiums
WITTGENSTEIN AND HIS IMPACT ON CONTEMPORARY THOUGHT
Proceedings of the 2nd International Wittgenstein Symposium
Kirchberg am Wechsel (Austria) 1977
Hrsg./Eds. E. u. W. Leinfellner, H. Berghel, A. Hübner
Wien 1978, 550 Seiten
ISBN 3-209-00204-5

SWG Band 3
WITTGENSTEIN, DER WIENER KREIS UND DER KRITISCHE RATIONALISMUS
Akten des 3. Internationalen Wittgenstein Symposiums
WITTGENSTEIN, THE VIENNA CIRCLE, AND CRITICAL RATIONALISM
Proceedings of the 3rd International Wittgenstein Symposium
Kirchberg am Wechsel (Austria) 1978
Hrsg./Eds. H. Berghel, A. Hübner, E. Köhler
Wien 1979, 544 Seiten
ISBN 3-209-00226-6

SWG Band 4
SPRACHE, LOGIK UND PHILOSOPHIE
Akten des 4. Internationalen Wittgenstein Symposiums
LANGUAGE, LOGIC, AND PHILOSOPHY
Proceedings of the 4th International Wittgenstein Symposium
Kirchberg am Wechsel (Austria) 1979
Hrsg./Eds. R. Haller, W. Grassl
Wien 1980, 617 Seiten
ISBN 3-209-00249-5

SWG Band 5
SPRACHE UND ERKENNTNIS ALS SOZIALE TATSACHE
Beiträge des Wittgenstein Symposiums von Rom 1979
Hrsg. R. Haller
Wien 1981, 147 Seiten
ISBN 3-209-00278-9

SWG Band 6
WITTGENSTEIN. ÄSTHETIK UND TRANSZENDENTALE PHILOSOPHIE
Akten eines Symposiums in Bergen (Norwegen) 1980
WITTGENSTEIN: AESTHETICS AND TRANSCENDENTAL PHILOSOPHY
Proceedings of a Symposium at Bergen (Norway) 1980
Hrsg./Eds. K. S. Johannessen, T. Nordenstam
Wien 1981, 193 Seiten
ISBN 3-209-00279-7

SWG Band 7
ETHIK. GRUNDLAGEN, PROBLEME UND ANWENDUNGEN
Akten des 5. Internationalen Wittgenstein Symposiums
ETHICS: FOUNDATIONS, PROBLEMS, AND APPLICATIONS
Proceedings of the 5th International Wittgenstein Symposium
Kirchberg am Wechsel (Austria) 1980
Hrsg./Eds. E. Morscher, R. Stranzinger
Wien 1981, 525 Seiten
ISBN 3-209-00280-0

SWG Band 8
SPRACHE UND ONTOLOGIE
Akten des 6. Internationalen Wittgenstein Symposiums
LANGUAGE AND ONTOLOGY
Proceedings of the 6th International Wittgenstein Symposium
Kirchberg am Wechsel (Austria) 1981
Hrsg./Eds. W. Leinfellner, E. Kraemer, J. Schank
Wien 1982, 544 Seiten
ISBN 3-209-00422-6

SWG Band 9
ERKENNTNIS- UND WISSENSCHAFTSTHEORIE
Akten des 7. Internationalen Wittgenstein Symposiums
EPISTEMOLOGY AND PHILOSOPHY OF SCIENCE
Proceedings of the 7th International Wittgenstein Symposium
Kirchberg am Wechsel (Austria) 1982
Hrsg./Eds. P. Weingartner, J. Czermak
Wien 1983, 576 Seiten
ISBN 3-209-00499-4

SWG Band 10/1
ÄSTHETIK / AESTHETICS
Akten des 8. Internationalen Wittgenstein Symposiums (Teil 1)
Proceedings of the 8th International Wittgenstein Symposium (Part 1)
Kirchberg am Wechsel (Austria) 1983
Hrsg./Ed. R. Haller
Wien 1984, 262 Seiten
ISBN 3-209-00547-8

SWG Band 10/2
RELIGIONSPHILOSOPHIE/PHILOSOPHY OF RELIGION
Akten des 8. Internationalen Wittgenstein Symposiums (Teil 2)
Proceedings of the 8th International Wittgenstein Symposium (Part 2)
Kirchberg am Wechsel (Austria) 1983
Hrsg./Ed. W. L. Gombocz
Wien 1984, 252 Seiten
ISBN 3-209-00548-6

SWG Band 11
PHILOSOPHIE DES GEISTES — PHILOSOPHIE DER PSYCHOLOGIE
Akten des 9. Internationalen Wittgenstein Symposiums
PHILOSOPHY OF MIND — PHILOSOPHY OF PSYCHOLOGY
Proceedings of the 9th International Wittgenstein Symposium
Kirchberg am Wechsel (Austria) 1984
Hrsg./Eds. R. H. Chisholm, J. C. Marek, J. T. Blackmore, A. Hübner
Wien 1985, 662 Seiten
ISBN 3-209-00592-3

SWG Band 12 / Teil 1
DIE AUFGABEN DER PHILOSOPHIE IN DER GEGENWART
Akten des 10. Internationalen Wittgenstein Symposiums
THE TASKS OF CONTEMPORARY PHILOSOPHY
Proceedings of the 10th International Wittgenstein Symposium
Kirchberg am Wechsel (Austria) 1985
Hrsg./Eds. W. Leinfellner, F. M. Wuketits
Wien 1986, 553 Seiten
ISBN 3-209-00627-X

SWG Band 12 / Teil 2
VON BOLZANO ZU WITTGENSTEIN
Zur Tradition der österreichischen Philosophie
FROM BOLZANO TO WITTGENSTEIN
The Tradition of Austrian Philosophy
Hrsg./Ed. J. C. Nyiri
Wien 1986, 201 Seiten
ISBN 3-209-00628-8
Band 12 / Teil 1 und 2 zusammen: ISBN 3-209-00629-6

SWG Band 13
LOGIK, WISSENSCHAFTSTHEORIE UND ERKENNTNISTHEORIE
Akten des 11. Internationalen Wittgenstein Symposiums
LOGIC, PHILOSOPHY OF SCIENCE, AND EPISTEMOLOGY
Proceedings of the 11th International Wittgenstein Symposium
Kirchberg am Wechsel (Austria) 1986
Hrsg./Eds. P. Weingartner, G. Schurz
Wien 1987, 432 Seiten
ISBN 3-209-00700-4

SWG Band 14
NEUERE ENTWICKLUNGEN IN DER ERKENNTNIS- UND WISSENSCHAFTSTHEORIE
Berichte des 11. Internationalen Wittgenstein Symposiums
RECENT DEVELOPMENTS IN EPISTEMOLOGY AND PHILOSOPHY OF SCIENCE
Reports of the 11th International Wittgenstein Symposium
Kirchberg am Wechsel (Austria) 1986
Hrsg./Eds. P. Weingartner, G. Schurz
Wien 1987, 330 Seiten
ISBN 3-209-00701-2

SWG Band 15
PHILOSOPHIE DES RECHTS, DER POLITIK UND DER GESELLSCHAFT
Akten des 12. Internationalen Wittgenstein Symposiums
PHILOSOPHY OF LAW, POLITICS, AND SOCIETY
Proceedings of the 12th International Wittgenstein Symposium
Kirchberg am Wechsel (Austria) 1987
Hrsg./Eds. O. Weinberger, P. Koller, A. Schramm
Wien 1988, 427 Seiten
ISBN 3-209-00771-3

SWG Band 16
RECHT — POLITIK — GESELLSCHAFT
Berichte des 12. Internationalen Wittgenstein Symposiums 1987
LAW — POLITICS — SOCIETY
Reports of the 12th International Wittgenstein Symposium 1987
Hrsg./Eds. O. Weinberger, P. Koller, A. Schramm
Wien 1988, 240 Seiten
ISBN 3-209-00773-X

SWG Band 17
PHILOSOPHIE DER NATURWISSENSCHAFTEN
Akten des 13. Internationalen Wittgenstein Symposiums
PHILOSOPHY OF THE NATURAL SCIENCES
Proceedings of the 13th International Wittgenstein Symposium
Kirchberg am Wechsel (Austria) 1988
Hrsg./Eds. P. Weingartner, G. Schurz
Wien 1989, 417 Seiten
ISBN 3-209-00861-2

SWG Band 18
GRENZFRAGEN ZWISCHEN PHILOSOPHIE UND NATURWISSENSCHAFTEN
Berichte des 13. Internationalen Wittgenstein Symposiums 1988
PHILOSOPHY AND NATURAL SCIENCE: BORDERLINE QUESTIONS
Reports of the 13th International Wittgenstein Symposium 1988
Hrsg./Eds. P. Weingartner, G. Schurz
Wien 1989, 301 Seiten
ISBN 3-209-00862-0

SWG Band 19
WITTGENSTEIN. EINE NEUBEWERTUNG
Akten des 14. Internationalen Wittgenstein Symposiums
WITTGENSTEIN: TOWARDS A RE-EVALUATION
Proceedings of the 14th International Wittgenstein Symposium
Kirchberg am Wechsel (Austria) 1989
Hrsg./Eds. R. Haller, J. Brandl
Wien 1990, 3 Teile
Teil 1: 336 Seiten, ISBN 3-209-01120-6
Teil 2: 313 Seiten, ISBN 3-209-01121-4
Teil 3: 347 Seiten, ISBN 3-209-01122-2
Set (Teil 1+2+3): ISBN 3-209-01123-0

SWG Band 20/1
PHILOSOPHIE DER MATHEMATIK
Akten des 15. Internationalen Wittgenstein Symposiums (Teil 1)
PHILOSOPHY OF MATHEMATICS
Proceedings of the 15th International Wittgenstein Symposium (Part 1)
Kirchberg am Wechsel (Austria) 1992
Hrsg./Ed. J. Czermak
Wien 1993, 445 Seiten
ISBN 3-209-01591-0

SWG Band 20/2
WITTGENSTEINS PHILOSOPHIE DER MATHEMATIK
Akten des 15. Internationalen Wittgenstein Symposiums (Teil 2)
WITTGENSTEIN'S PHILOSOPHY OF MATHEMATICS
Proceedings of the 15th International Wittgenstein Symposium (Part 2)
Kirchberg am Wechsel (Austria) 1992
Hrsg./Ed. K. Puhl
Wien 1993, 315 Seiten
ISBN 3-209-01592-9

SWG Band 21
PHILOSOPHY AND THE COGNITIVE SCIENCES
Proceedings of the 16th International Wittgenstein Symposium
Kirchberg am Wechsel (Austria) 1993
Eds. R. Casati, B. Smith, G. White
Wien 1994, 468 Seiten
ISBN 3-209-01747-6

SWG Band 22
THE BRITISH TRADITION IN 20th CENTURY PHILOSOPHY
Proceedings of the 17th International Wittgenstein Symposium
Kirchberg am Wechsel (Austria) 1994
Eds. Jaakko Hintikka, Klaus Puhl
Wien 1995, 384 Seiten
ISBN 3-209-01881-2

SWG Band 23
WITTGENSTEIN. FAMILIENBRIEFE
Hrsg. B. McGuinness, M. C. Ascher, O. Pfersmann
Wien 1996, 215 Seiten
ISBN 3-209-01220-2
Der Band bringt den größten Teil des erhalten gebliebenen Briefwechsels zwischen Ludwig Wittgenstein und seinen Geschwistern. Fotografien aus Familienalben lassen die handelnden Personen und ihre Umgebung lebendig werden. Ein Aufsatz vom Wittgenstein-Biographen Brian McGuinness erschließt den geistigen Hintergrund.

SWG Band 24
WITTGENSTEIN AND THE PHILOSOPHY OF CULTURE
Proceedings of the 18th International Wittgenstein Symposium
Kirchberg am Wechsel (Austria) 1995.
Eds. Kjell S. Johannessen, Tore Nordenstam
Wien 1996, 381 Seiten
ISBN 3-209-02086-8

SWG Band 25
AKTUELLE FRAGEN POLITISCHER PHILOSOPHIE:
Gerechtigkeit in Gesellschaft und Weltordnung
Akten des 19. Internationalen Wittgenstein Symposiums
CURRENT ISSUES IN POLITICAL PHILOSOPHY:
Justice in Society and World Order
Proceedings of the 19th International Wittgenstein Symposium
Kirchberg am Wechsel (Austria) 1996
Hrsg./Eds. P. Koller, K. Puhl
Wien 1997, 427 Seiten
ISBN 3-209-02434-0

SWG Band 26
THE ROLE OF PRAGMATICS IN CONTEMPORARY PHILOSOPHY
Proceedings of the 20th International Wittgenstein Symposium
Kirchberg am Wechsel (Austria) 1997
Eds. Paul Weingartner, Gerhard Schurz, Georg Dorn
Wien 1998, 415 Seiten
ISBN 03-209-02585-1

SWG Band 27
ANGEWANDTE ETHIK
Akten des 21. Internationalen Wittgenstein Symposiums
APPLIED ETHICS
Proceedings of the 21st International Wittgenstein Symposium
Kirchberg am Wechsel (Austria) 1998
Hrsg./Eds. Peter Kampits, Anja Weiberg
Wien 1999, 398 Seiten
ISBN 3-209-02829-X

SWG Band 28
METAPHYSIK IM POSTMETAPHYSISCHEN ZEITALTER
Akten des 22. Internationalen Wittgenstein Symposiums
METAPHYSICS IN THE POST-METAPHYSICAL AGE
Proceedings of the 22nd International Wittgenstein Symposium
Kirchberg am Wechsel (Austria) 1999
Hrsg./Ed. Uwe Meixner
Wien 2001, 368 Seiten
ISBN 3-209-03194-0

SWG Band 29
RATIONALITÄT UND IRRATIONALITÄT
Akten des 23. Internationalen Wittgenstein Symposiums
RATIONALITY AND IRRATIONALITY
Proceedings of the 23rd International Wittgenstein Symposium
Kirchberg am Wechsel (Austria) 2000
Hrsg./Eds. Berit Brogaard, Barry Smith
Wien 2001, 411 Seiten
ISBN 3-209-03648-9

SWG Band 30
WITTGENSTEIN UND DIE ZUKUNFT DER PHILOSOPHIE. EINE NEUBEWERTUNG NACH
50 JAHREN
Akten des 24. Internationalen Wittgenstein Symposiums
WITTGENSTEIN AND THE FUTURE OF PHILOSOPHY: A REASSESSMENT AFTER 50 YEARS
Proceedings of the 24th International Wittgenstein Symposium
Kirchberg am Wechsel (Austria) 2001
Hrsg./Eds. Rudolf Haller, Klaus Puhl
Wien 2002, 476 Seiten
ISBN 3-209-04065-6

SWG Band 31
PERSONEN. EIN INTERDISZIPLINÄRER DIALOG
Akten des 25. Internationalen Wittgenstein Symposiums
PERSONS: AN INTERDISCIPLINARY APPROACH
Proceedings of the 25th International Wittgenstein Symposium
Kirchberg am Wechsel (Austria) 2002
Hrsg./Eds. Christian Kanzian, Josef Quitterer, Edmund Runggaldier
Wien 2003, 373 Seiten
ISBN 3-209-04225-X

SWG Band 32
MENSCHENWÜRDE. ANNÄHERUNG AN EINEN BEGRIFF
Hrsg. Ralf Stoecker
Wien 2003, 232 Seiten
ISBN 3-209-04224-1
Der Begriff der Menschenwürde ist einer der prominentesten ethischen
Begriffe überhaupt und bildet den Angelpunkt für heiß umstrittene Themen der
angewandten Ethik. Umso verblüffender ist es, dass die moralphilosophische
Theorie bis heute große Probleme hat, ihm eine geeignete Rolle zuzuweisen.

SWG Band 33
WISSEN UND GLAUBEN
Akten des 26. Internationalen Wittgenstein Symposiums
KNOWLEDGE AND BELIEF
Proceedings of the 26th International Wittgenstein Symposium
Kirchberg am Wechsel (Austria) 2004
Hrsg./Eds. Winfried Löffler, Paul Weingartner
Wien 2004, 420 Seiten
ISBN 3-209-04500-3

SWG Band 34
ERFAHRUNG UND ANALYSE
Akten des 27. Interntionalen Wittgenstein Symposiums
EXPERIENCE AND ANALYSIS
Proceedings of the 27th International Wittgenstein Symposium
Kirchberg am Wechsel (Austria) 2005
Hrsg./Eds. Maria E. Reicher, Johann C. Marek
Wien 2005, 408 Seiten
ISBN 3-209-05034-1

Publications of the Austrian Ludwig Wittgenstein Society

New Series 1
TIME AND HISTORY
Proceedings of the 28th International Wittgenstein Symposium
Kirchberg am Wechsel (Austria) 2005
Eds. Friedrich Stadler, Michael Stöltzner
Heusenstamm 2006, 609 Seiten
ISBN 3-938793-17-1

New Series 2
WITTGENSTEIN: THE PHILOSOPHER AND HIS WORKS
Eds. Alois Pichler, Simon Säätelä
Heusenstamm 2006, 461 Seiten
ISBN 3-938793-28-7

New Series 3
CULTURES. CONFLICT — ANALYSIS — DIALOGUE
Proceedings of the 29th International Wittgenstein Symposium
Kirchberg am Wechsel (Austria) 2006
Eds. Christian Kanzian, Edmund Runggaldier
Heusenstamm 2007, ca. 400 Seiten
ISBN 978-3-938793-66-4

New Series. 4
HOW SUCCESSFUL IS NATURALISM?
Ed. Georg Gasser
Heusenstamm 2007, ca. 200 Seiten
ISBN 978-3-938793-67-1

New Series 5
SUBSTANCE AND ATTRIBUTE
WESTERN AND ISLAMIC TRADITIONS IN DIALOGUE
Eds. Christian Kanzian, Muhammad Legenhausen
Heusenstamm 2007, ca. 200 Seiten
ISBN 978-3-938793-68-8

Zur „New Series" siehe auch Seiten 188 und 189.

„Das Wittgenstein Symposium war mein Initiationsritus in der wissenschaftlichen Gemeinschaft [...]"
Tasos Zembylas, Wien, in einem Schreiben an Elisabeth Leinfellner.
(Siehe auch „Zur Person", Seite 184)

Zur Person

John R. Searle beim Eröffnungsvortrag „The Limitations of Phenomenology" am 27. IWS, 2004.

Seit über 20 Jahren zu jedem Symposium aus New York und Indien angereist, der einstige Sekretär Jawaharlal Nehrus — Amrit Inamdar.

Jeremy Butterfield ist Affiliated Research Scholar am Department of History and Philosophy of Science der Universität Cambridge, sowie Senior Research Fellow am All Souls College, Oxford. Er arbeitet zu philosophischen Aspekten der Quantentheorie, Relativitätstheorie und klassischen Mechanik.
Jeremy Butterfield war mehrmals als Vortragender am IWS in Kirchberg, letztmals 2005.

David Chalmers (geboren 1966) zählt wohl zu den jüngsten der „Weltstars" unter den akademischen Philosophen. Nach längerer Lehrtätigkeit an der University of Arizona in Tucson lehrt Chalmers heute an der Australian National University (Canberra) und ist Direktor des dortigen *Centre for Consciousness*. Seine Hauptarbeitsgebiete liegen im Bereich der Philosophie des Geistes und verwandten Themengebiete der „Cognitive Science". Seine Berühmtheit verdankt er seinen Studien zur Bewusstseins-Problematik. Hier hat er sich auch auf organisatorischem Bereich Verdienste erworben. Zitat von seiner homepage: „I seem to spend a lot of time organizing things (this is a good work-avoidance strategy) [...]." Bei seiner Arbeitsvermeidungsstrategie kam es unter anderem zur Gründung der *Association for the Scientific Study of Consciousness*, und er hatte ebenso einem wesentlichen Anteil an den „Tucson Conferences on Consciousness". Berühmt wurde Chalmers jedoch
durch seine Fachpublikationen. Hier sei nur sein Buch von 1996, *The Conscious Mind*, erwähnt, das als Produkt seiner Doktorarbeit erschien. David Chalmers war als Vortragender beim 22. IWS (1999) in Kirchberg.

Carl Djerassi wird 1923 als Sohn eines jüdischen Ärztehepaares in Wien geboren. Sein Vater kommt aus Bulgarien, seine Mutter aus Österreich. Wegen seiner jüdischen Abstammung emigriert er mit seiner Mutter über Bulgarien in die USA. 1945 erhält Carl Djerassi die amerikanische Staatsbürgerschaft.
Ab 1949 ist Carl Djerassi als Forscher tätig und steigt zum Präsidenten des gesamten Syntex-Forschungsbereiches auf. 1951 gelingt ihm die bahnbrechende Erfindung der Anti-Baby-Pille. Ab 1952 lehrt Djerassi Chemie in Detroit und hat bis heute einen Lehrstuhl an der Stanford University in Kalifornien.
Carl Djerassi beginnt nach 1985 seine ebenfalls höchst erfolgreiche Karriere als Schriftsteller und erfindet das Genre „Science in Fiction". Er veröffentlicht Romane und Dramen zu Themen der biomedizinischen Forschung.
2001 erscheint zum 50. Geburtstag der „Pille" das Werk *This Man´s Pill: Sex, die Kunst und Unsterblichkeit*. Djerassi ist Träger zahlreicher Auszeichnungen und Gründer der Stiftung „Djerassi Resident Artists Programme". Er wurde mehrfach für den Nobelpreis vorgeschlagen.
Carl Djerassi war mit seiner Frau, die einen Vortrag am 13. IWS hielt, 1988 zu Gast in Kirchberg.

Dagfinn Føllesdal (geboren 1932 in Askim, Norwegen), M.A. in Mathematik und Philosophie (University of Oslo), Ph.D. in Philosophie (Harvard University), ist Clarence Irving Lewis Professor für Philosophie an der Stanford University. Seine Interessensgebiete liegen schwerpunktmäßig in Sprachphilosophie, Logik, Phänomenologie, Existentialismus und Hermeneutik. Professor Føllesdal hatte etliche Gastprofessuren. Neben zahlreichen Artikeln und Herausgeberschaften zählen zu seinen jüngsten Buchveröffentlichungen: *Argumentasjonsteori, språk og vitenskapsfilosofi* (gemeinsam mit Lars Walløe und Jon Elster, 2000), *The Philosophy of W.V.O. Quine* (2001) und *Referential Opacity and Modal Logic* (Dissertation 1961, als Buch 2004).
Dagfinn Føllesdal war mehrmals als Vortragender am IWS in Kirchberg.

Allan Janik (geboren 1941 in Chicopee, Massachusetts), B.A. in Philosophie (St. Anselm College), M.A. in Philosophie (Villanova) und Ph.D. in Ideengeschichte (Brandeis). A.o. Professor an der Universität Innsbruck. Janik ist Research Fellow am Brennerarchiv der Universität Innsbruck und Honorarprofessor für Philosophie an der Universität Wien sowie Adjunct Professor des „Skill and Technology" Doktoratsprogramms am Royal Institute of Technology, Stockholm. Er hatte zahlreiche Gastprofessuren. Seine weitreichenden Forschungs- und Lehrgebiete umfassen Mathematik, Physik, Personalführung, vergleichende Literaturwissenschaften, Germanistik, Jüdische Studien, Philosophie und Wissenschaftsgeschichte. Zu seinen Buchpublikationen zählen unter anderem: *The Use and Abuse of Metaphor* (2003), *Essays on Wittgenstein and Weininger*, (1985), *Wittgenstein's Vienna* (gemeinsam mit Stephen Toulmin, 1973), sowie zahlreiche Artikel und Reviews in internationalen Journalen und Sammelbänden.
Allan Janik war öfters als Vortragender am IWS in Kirchberg.

Siegfried Ludwig wurde 1926 in Wostitz (heute Vlastice, Tschechien) geboren. Er maturierte 1944 in Znaim, studierte in Wien Recht (Magister 1952) und begann nach dem Studium als Beamter im Amt der NÖ Landesregierung zu arbeiten.
Von 1964 bis 1969 war er Abgeordneter zum NÖ Landtag der ÖVP, ab 1968 Finanzlandesrat, von 1969 bis 1981 Landeshauptmannstellvertreter und von 1981 bis 1992 Landeshauptmann von Niederösterreich. Zwischen 1975 und 1981 war er auch Bürgermeister von Perchtoldsdorf. Durch sein Engagement in der Amtszeit als Landeshauptmann wurde St. Pölten zur Landeshauptstadt von Niederösterreich (1986).
Siegfried Ludwig eröffnete am 24. April 1976 die Wittgenstein-Tage — diese wurden nachträglich in das „Erste Internationale Wittgenstein Symposium" umgetauft.

Julian Nida-Rümelin (geboren 1954 in München) — durch seine Amtszeit (2001—2002) als Kulturstaatsminister der Bundesrepublik Deutschland einer breiten Öffentlichkeit bekannt geworden — darf zu den momentan prominentesten deutschen Vertretern der akademischen Philosophie gezählt werden. Seine Spezialgebiete sind allgemeine und angewandte Ethik, Entscheidungs- und Rationalitätstheorien sowie Demokratietheorie. Er ist der Bruder der deutschen Philosophin Martine Nida-Rümelin und Enkel des österreichisch-deutschen Bildhauers Wilhelm Nida-Rümelin.

1974 legte Nida-Rümelin sein Abitur ab. Im selben Jahr trat er der SPD bei. Seine Promotion in Philosophie erfolgte 1983 mit der Auszeichnung „Summa cum Laude". 1989 legte er die Habilitation ab und trat zunächst Lehrstuhlvertretungen an. 1991 folgte er einem Ruf an die University of Minnesota in Minneapolis/USA. Das Zentrum für Ethik in den Wissenschaften der Eberhard-Karls-Universität Tübingen holte Nida-Rümelin in den Jahren 1992/1993 in das Leitungsgremium, bevor er 1993 schließlich auf einen Göttinger Lehrstuhl für Philosophie berufen wurde. Während der Jahre 1994 bis 1997 war er Präsident der Gesellschaft für Analytische Philosophie.

Im Juli 1998 ging Nida-Rümelin schließlich wieder zurück nach München, um dort bis Dezember 2000 als Kulturreferent der Stadt zu arbeiten. Im Januar 2001 ernannte ihn der damalige deutsche Bundeskanzler Gerhard Schröder zum Staatsminister für Kultur und Medien.

Von Januar 2001 bis Dezember 2002 war er als Honorarprofessor an der Georg-August-Universität Göttingen tätig, bevor er im Januar 2003 schließlich fest an den philosophischen Lehrstuhl der Universität Göttingen zurückkehrte. Seit dem Sommersemester 2002 nahm er außerdem eine Honorarprofessur an der Humboldt-Universität Berlin wahr. Im April des Jahres 2004 berief ihn die Ludwig-Maximilians-Universität München zum Leiter des Lehrstuhls für Politische Theorie und Philosophie an das Geschwister-Scholl-Institut für Politische Wissenschaft. Im Jahre 2004 wurde er zudem mit der Plakette „Dem Förderer des deutschen Buches" vom Börsenverein des Deutschen Buchhandels geehrt.

Julian Nida-Rümelin war achtmal als Vortragender am IWS in Kirchberg, letztmals 2002.

Nicholas Rescher (geboren 1928 in Hagen, Deutschland) ist ein US-amerikanischer Philosoph deutscher Abstammung. Seine Schwerpunkte stellen die theoretische Philosophie, Moral- und Sozialphilosophie dar. Rescher ist zudem der prominenteste Vertreter der Kohärenztheorie der Wahrheit.

Reschers Vater praktizierte seit 1922 als Anwalt in Hagen. Nachdem er sich öffentlich gegen das System des Nationalsozialismus ausgesprochen hatte, schlossen Anfang der 1930er-Jahre die Nationalsozialisten seine Kanzlei, worauf die Familie 1938 in die USA auswanderte.

Nach dem Schulabschluss studierte Rescher 1946 bis 1951 zunächst Mathematik und Philosophie am Queens College in Flushing, New York und an der Universität Princeton. 1949 erwarb er den Bachelor of Science in Mathematik, 1951 erhielt er in Princeton den philosophischen Doktorgrad (Ph.D.). Von 1954 bis 1956 arbeitete er in der Mathematikabteilung der RAND Corporation in Santa Monica.

1957 wurde Rescher auf eine Professur für Philosophie an der Lehigh-Universität in Bethlehem, Pennsylvania berufen. Seit 1961 lehrt er an der Universität Pittsburgh, wo er viele Jahre das weltbekannte „Center for Philosophy of Science" leitete. Gleichzeitig ist der frühere Präsident der American Philosophical Association ständiger Gastprofessor in Oxford und lehrt regelmäßig an anderen Universitäten. Im Jahre 1977 wurde Rescher zum ständigen Mitglied des Corpus Christi College in Oxford ernannt.

In Deutschland wurde Professor Rescher 1984 mit dem Alexander von Humboldt-Preis sowie der Ehrendoktorwürde der Universität Konstanz (Philosophie) ausgezeichnet.

Nicholas Rescher war öfters als Vortragender am IWS in Kirchberg, letztmals 2004.

John Searle (geboren 1932 in Denver, Colorado) ist ein bedeutender US-amerikanischer Philosoph. Seine Hauptarbeitsgebiete sind die Sprachphilosophie, die Philosophie des Geistes sowie die Ontologie. Seine Theorie der Referenz von Eigennamen ist mittlerweile ebenso klassisch wie seine Auffassung von der „construction of social reality". Searle ist seit 1959 Mills Professor für Philosophie an der University of California, Berkeley.

Searle studierte zunächst an der University of Wisconsin und später an der Oxford University bei John Langshaw Austin und Peter Frederick Strawson. In Oxford lehrte Searle von 1957 bis 1959 am Christ Church College und erwarb dort 1959 seinen Ph.D. 1959 wurde er mit nicht einmal 30 Jahren als Professor an die renommierte University of California, Berkeley, berufen. Der dortigen philosophischen Fakultät gehört er seit fast 50 Jahren an.

In Berkeley unterstützte Searle die aufkommenden Studentenproteste und wurde zum ersten festangestellten Professor, der am Free Speech Movement partizipierte. 1969 publizierte Searle sein sprachphilosophisches Hauptwerk *Speech Acts*, das weit in die Linguistik hineinwirkte. Für seine Arbeiten in diesem Gebiet wurde er 2000 mit dem Jean Nicod Preis ausgezeichnet.

John Searle war mehrmals als Vortragender beim IWS in Kirchberg, letztmals 2004.

Tasos Zembylas studierte Philosophie, Soziologie und Kunstgeschichte, 1995 war er Junior Fellow am Internationalen Forschungszentrum Kulturwissenschaften, seit 1999 lehrt er (seit 2002 als a.o. Professor) am Institut für Kulturmanagement und Kulturwissenschaft an der Universität für Musik und darstellende Kunst, Wien und leitet den Universitätslehrgang „Kulturmanagement".

Tasos Zembylas war mehrmals als Vortragender beim IWS in Kirchberg.

Vor seinem Vortrag 2004: John Searle mit seiner Frau, in der zweiten Reihe Rudolf Haller.

Buch-Cover einer chinesischen Publikation

維根斯坦哲學
他的前期哲學的詮釋、批判和辯護

劉福增 著

ontos verlag

Frankfurt • Paris • Lancaster • New Brunswick
P.O. Box 1541 • D-63133 Heusenstamm bei Frankfurt
www.ontosverlag.com • info@ontosverlag.com
Tel. ++49-6104-66 57 33 • Fax ++49-6104-66 57 34

Volume 1 Friedrich Stadler, Michael Stöltzner (Eds.)
Time and History
Proceedings of the 28. International Ludwig Wittgenstein Symposium
in Kirchberg am Wechsel, Austria 2005
ISBN 3-938793-17-1
621pp., Hardcover € 79,00

Time and History presents the invited papers of the 28th International Wittgenstein Symposium 2005 in Kirchberg/W. (Austria). Renowned scientists and scholars address the issue of time from a variety of disciplinary and cross-disciplinary perspectives in four sections: philosophy of time, time in the physical sciences, time in the social and cultural sciences, temporal logic, time in history/history of time, and Wittgenstein on time. Questions discussed include general relativity and cosmology, the physical basis of the arrow of time, the linguistics of temporal expressions, temporal logic, time in the social sciences, time in culture and the arts. Outside the natural sciences, time typically appears as history and in historiography in different forms, like a history of our conceptions of time. The first chapter of the book is dedicated to the major positions in contemporary philosophy of time. Is there a real sense of past, present, and future, or is time just a special coordinate among others? What does it mean that identity persists over time? The importance of Wittgenstein for present-day philosophy notwithstanding, his ideas about time have hitherto received only little attention. The final chapter, for the first time, provides an extensive discussion of his respective views.

Volume 2 Alois Pichler, Simo Säätelä (Eds.)
Wittgenstein: The Philosopher and his Works
ISBN 3-938793-28-7
461pp., Hardcover € 98,00

This wide-ranging collection of essays contains eighteen original articles by authors representing some of the most important recent work on Wittgenstein. It deals with questions pertaining to both the interpretation and application of Wittgenstein's thought and the editing of his works. Regarding the latter, it also addresses issues concerning scholarly electronic publishing. The collection is accompanied by a comprehensive introduction which lays out the content and arguments of each contribution.
Contributors: Knut Erik Tranøy, Lars Hertzberg, Georg Henrik von Wright, Marie McGinn, Cora Diamond, James Conant, David G. Stern, Eike von Savigny, P.M.S. Hacker, Hans-Johann Glock, Allan Janik, Kristóf Nyíri, Antonia Soulez, Brian McGuinness, Anthony Kenny, Joachim Schulte, Herbert Hrachovec, Cameron McEwen.

Publications of the Austrian Ludwig Wittgenstein Society. New Series

Volume 3 — Christian Kanzian, Edmund Runggaldier (Eds.)
Cultures. Conflict - Analysis - Dialogue
Proceedings of the 29th International Ludwig Wittgenstein-Symposium in Kirchberg, Austria 2006.
ISBN 978-3-938793-66-4
431pp., Hardcover, EUR 59,00

What can systematic philosophy contribute to come from conflict between cultures to a substantial dialogue? – This question was the general theme of the 29th international symposium of the Austrian Ludwig Wittgenstein Society in Kirchberg. Worldwide leading philosophers accepted the invitation to come to the conference, whose results are published in this volume, edited by Christian Kanzian & Edmund Runggaldier. The sections are dedicated to the philosophy of Wittgenstein, Logics and Philosophy of Language, Decision- and Action Theory, Ethical Aspects of the Intercultural Dialogue, Intercultural Dialogue, and last not least to Social Ontology. Our edition include (among others) contributions authored by Peter Hacker, Jennifer Hornsby, John Hyman, Michael Kober, Richard Rorty, Hans Rott, Gerhard Schurz, Barry Smith, Pirmin Stekeler-Weithofer, Franz Wimmer, and Kwasi Wiredu

Volume 4 — Georg Gasser (Ed.)
How Successful is Naturalism?
ISBN 13: 978-938793-67-1
ca. 300pp., Hardcover, EUR 69,00

Naturalism is the reigning creed in analytic philosophy. Naturalists claim that natural science provides a complete account of all forms of existence. According to the naturalistic credo there are no aspects of human existence which transcend methods and explanations of science. Our concepts of the self, the mind, subjectivity, human freedom or responsibility is to be defined in terms of established sciences. The aim of the present volume is to draw the balance of naturalism's success so far. Unlike other volumes it does not contain a collection of papers which unanimously reject naturalism. Naturalists and anti-naturalists alike unfold their positions discussing the success or failure of naturalistic approaches. "How successful is naturalism?" shows where the lines of agreement and disagreement between naturalists and their critics are to be located in contemporary philosophical discussion.

Volume 5 — Christian Kanzian, Muhammad Legenhausen (Eds.)
Substance and Attribute
Western and Islamic Traditions in Dialogue
ISBN 13: 978-3-938793-68-8
ca. 250pp., Hardcover, EUR 69,00

The aim of this volume is to investigate the topic of Substance and Attribute. The way leading to this aim is a dialogue between Islamic and Western Philosophy. Our project is motivated by the observation that the historical roots of Islamic and of Western Philosophy are very similar. Thus some of the articles in this volume are dedicated to the history of philosophy, in Islamic thinking as well as in Western traditions. But the dialogue between Islamic and Western Philosophy is not only an historical issue, it has also systematic relevance for actual philosophical questions. The topic Substance and Attribute particularly has an important history in both traditions; and it has systematic relevance for the actual ontological debate.
The volume includes contributions (among others) by Hans Burkhardt, Hans Kraml, Muhammad Legenhausen, Michal Loux, Pedro Schmechtig, Muhammad Shomali, Erwin Tegtmeier, and Daniel von Wachter.

Gasthof Zur Lodenwalke
Familie Hennerfeind

A-2880 Kirchberg a. W.
Ofenbach 20
Tel.: 02641 / 2293
Fax: 02641 / 23314
Handy: 0664/3944676

Gasthof Zur Lodenwalke

Gasthof - Pension St. Wolfgang

Familie Johann Kernbeis
Markt 93
A-2880 Kirchberg am Wechsel
Tel: +43/2641/2244 Fax-DW: 5

HOMEPAGE: www.gasthof-stwolfgang.at
E-MAIL: info@gasthof-stwolfgang.at

Enjoy our fine Austrian kitchen, specially noted for our **marvellous trout** from our own pond. Try out our homely garden dining area on the banks of the river "Feistritz". We will be happy to welcome you at our restaurant. Your family Kernbeis.

Am Tagungsende 1998 bedankt sich Peter Kampits (heute Vize-Präsident der ÖLWG) bei Büroleiterin Margret Kronaus für die vorzügliche Betreuung des Symposiums durch die Crew.

www.ingramcontent.com/pod-product-compliance
Lightning Source LLC
Chambersburg PA
CBHW032149010526
44111CB00035B/1415